KB107015

조선총독부 편찬 (1923~1924)

『普通學校國語讀本』
第二期 한글번역 ❹
(5학년용)

김순전 · 박장경 · 김현석 譯

제이앤씨
Publishing Company

≪ 목차 ≫

巻十 (5학년 2학기, 1924)

序文

1. '조선총독부 편찬(1923～1924)
『普通學校 國語讀本』第二期 한글번역' 발간의 의의

베네딕트 앤더슨은 '국민국가'란 절대적인 존재가 아니라 상대적인 것이며 '상상된 공동체'라 하였는데, 이러한 공동체 안에서 국민국가는 그 상대성을 극복하기 위하여 학교와 군대, 공장, 종교, 문학 그 밖의 모든 제도와다양한 기제들을 통해 사람들을 국민화 하였다. '근대국가'라는 담론 속에서 '국민'이란 요소는 이미 많은 사람들에 의해 연구되어져 왔고, 지금도끊임없이 연구 중에 있다. 근대 국민국가의 이러한 국민화는 '국가'라는 장치를 통해 궁극적으로는 국가의 원리를 체현할 수 있는 개조된 국민을 이데올로기 교육을 통하여 만들어 내는 데 있다.

교과서는 무릇 국민교육의 정화(精華)라 할 수 있으며, 한 나라의 역사진행과 불가분의 관계를 가지고 있다. 따라서 교과서를 통하여 진리탐구는물론, 사회의 변천 또는 당시의 문명과 문화 정도를 파악할 수 있고, 무엇보다 중요한 한 시대의 역사 인식 즉, 당시 기성세대는 어떤 방향으로 국민을 이끌어 가려 했고, 그 교육을 받은 세대(世代)는 어떠한 비전을 가지고새 역사를 만들어가려 하였는지도 판독할 수 있다. 이렇듯 한 시대의 교과서는 후세들의 세태판독과 미래창조의 설계를 위한 자료적 측면에서도 매우 중요하다.

이에 일제강점기 조선의 초등학교에서 사용되었던 朝鮮總督府 編纂 『普通學校國語讀本』(1923~1924) 번역서를 정리하여 발간하는 일은 한국근대사 및 일제강점기 연구에 크게 기여할 수 있는 필수적 사항이다. 이는 그동안 사장되었던 미개발 자료의 일부를 발굴하여 체계적으로 정리해 놓는 일의 출발로서 큰 의의가 있을 것이다. 이로써 한국학(韓國學)을 연구하는데 필요한 자료를 제공함은 물론, 나아가서는 1907년부터 1945년 8월까지 한국에서의 일본어 교육과정을 알 수 있는 자료적 의미도 크다. 특히 1960년대부터 시작된 한국의 일본학연구 분야에서 새로운 지평을 여는 데 하나의 방향 및 대안을 제시할 수 있으리라 생각한다.

우리는 지금까지 "일본이 조선을 강제로 합병하여 식민통치를 했다."는 개괄적인 이야기는 수없이 들어왔으나, 그에 대한 구체적인 사례나 실체는 볼 수 없었거나 드물었다고 할 수 있을 것이다.

따라서 일제강점기 조선아동용 일본어 입문 교과서인 『普通學校國語讀本』에 대한 재조명은 '일본이 조선에서 일본어를 어떻게 가르쳤는가?'를 실제로 보여주는 작업이 될 것이며, 또한 이 시대를 사는 우리들이 과거 긴박했던 세계정세의 흐름을 돌아봄으로써 오늘날 급변하는 세계에 대처해 나갈 능력을 키울 수 있으리라고 본다. 이를 기반으로 일제의 식민지정책의 변화 과정과 초등교과서의 요소요소에 스며들어 있는 일본문화의 여러 양상을 구체적으로 파악하고, 새로운 시점에서 보다 나은 시각으로 당시의 모든 문화와 역사, 나아가 역사관을 구명할 수 있는 기초자료로 활용되기를 기대한다.

2. 근대 조선의 일본어 교육

1) 일본의 '国語' 이데올로기

근대에 들어와서 국가는 소속감, 공통문화에 대한 연대의식과 정치적 애국심을 바탕으로 강력한 국민국가의 형태로 나타나게 되었고, 외세의 침입으로부터 국가를 보호하기 위해 국민을 계몽하고 힘을 단합시키는 데 국가적 힘을 결집하게 된다. 그리고 국가가 필요로 하는 국민을 만들기 위해 공교육제도를 수립하고, 교육에 대한 통제를 강화하여 교육을 국가적 기능으로 편입시키게 된다.

국가주의는 국민(nation)의 주체로서 구성원 개개인의 감정, 의식, 운동, 정책, 문화의 동질성을 기본으로 하여 성립된 근대 국민국가라는 특징을 갖고 있다. 국가주의의 가장 핵심적인 요소는 인종, 국가, 민족, 영토 등의 객관적인 것이라고 하지만 公用語와 문화의 동질성에서 비롯된 같은 부류의 존재라는 '우리 의식'(we~feeling) 내지 '自覺'을 더욱 중요한 요인으로 보는 것이 일반적이다. 여기에서 더 나아가 '우리 의식'과 같은 국민의식은 국가를 위한 운동, 국가 전통, 국가 이익, 국가 안전, 국가에 대한 사명감(使命感) 등을 중시한다. 이러한 국민의식을 역사와 문화 교육을 통해 육성시킴으로써 강력한 국가를 건설한 예가 바로 독일이다. 근대 국민국가의 어떤 특정한 주의, 예를 들면 독일의 나치즘(Nazism), 이탈리아의 파시즘(Fascism), 일본의 쇼비니즘(Chauvinism)은 맹목적인 애국주의와 국수주의적인 문화 및 민족의식을 강조하고, 이러한 의식을 활용하여 제국적인 침략주의로 전락하고 있는 것도 또 하나의 특징이다.

'Ideology'란 용어는 Idea와 Logic의 합성어로 창의와 논리의 뜻을 담고 있다. Engels와 Marx의 이념 정의를 요약하면, "자연, 세계, 사회 및 역사에 대해 가치를 부여하고 그 가치성을 긍정적, 부정적으로 평가하는 동의자와 일체감을 형성하여 그 가치성을 행동으로 성취하는 행위"1)라는 것이다. 따라서 Ideology란 '개인의 의식 속에 내재해 있으면서도 개인의식과는 달리 개인이 소속한 집단, 사회, 계급, 민족이 공유하고 있는 〈공동의식〉, 즉 〈사회의식〉과 같은 것'이라 할 수 있다.

메이지유신 이후 주목할 만한 변화를 보면, 정치적으로는 〈國民皆兵制〉(1889)가 실시되고, 〈皇室典範〉(1889)이 공포되어 황실숭상을 의무화하는가 하면, 〈大日本帝國憲法〉(1889)이 반포되어 제국주의의 기초를 마련한다. 교육적으로는 근대 교육제도(學制, 1872)가 제정 공포되고, 〈教育勅語〉(1890)와 「기미가요(君が代)」(1893) 등을 제정하여 제정일치의 초국가주의 교육체제를 확립하였으며,2) 교과서정책 또한 메이지 초기 〈自由制〉, 1880년 〈開申制(届出制)〉, 1883년 〈認可制〉, 그리고 1886년 〈檢定制〉를 거쳐, 1904年 〈国定教科書〉 정책으로 규제해 나간다.

우에다 가즈토시(上田萬年)가 주장했던 '母語 = 国語 이데올로기는, 일본어의 口語에 의해, 보다 구체화되었다. 그러나 그 중핵은 학습에 의해서만 습득할 수 있는 극히 인위적인 언어였음에도 불구하고 근대일본의 여러 제도(교육, 법률, 미디어 등)는, 이 口語에 의해 유지되어, '母語 = 国語 이데올로기로 확대 재생산되기에 이르렀으며, 오늘날에도 '일본어 = 국어'는 일본인에 있어서 대단히 자명한 사실인 것처럼 받아들여지고 있다.

일본은 국가신도(國家神道)를 통하여 일본인과 조선인에게 천황신성사상의 이데올로기를 심어주려 하였다. 만세일계의 황통이니, 팔굉일우(八紘一宇)니, 국체명징(國體明徵)이니, 기미가요(君が代) 등으로 표현되는 천황에 대한 충성심과 희생정신이 일본국가주의의 중심사상으로 자리 잡게 된

---

1) 高範瑞 외 2인(1989), 『現代 이데올로기 總論』, 학문사, pp.11~18 참조.
2) 黃惠淑(2000), 「日本社會科敎育의 理念變遷研究」, 韓國敎員大學校 大學院 博士學位論文, p.1

것이다. 즉, '명령과 절대복종'식의 도덕성과 충군애국사상을 교육을 통해서 심어주고자 한 것이 '국가주의'에 의한 일본식 교육이었음을 알 수 있다.

2) 합병 후 조선의 교육제도와 일본어 교육

조선에서의 일본어 교육은 식민지라는 특수한 상황에서 일본식 풍속 미화의 동화정책을 시행하기 위해 가장 기본적인 수단으로 중요시되었다. 이는 말과 역사를 정복하는 것이 동화정책의 시작이요 완성이라는 의미이다.

1910년 8월 29일, 한국은 일본에 합병되었으며, 메이지천황의 합병에 관한 조서(詔書)는 다음과 같다.

> 짐은 동양의 평화를 영원히 유지하고 제국의 안전을 장래에 보장할 필요를 고려하여·····조선을 일본제국에 합병함으로써 시세의 요구에 응하지 않을 수 없음을 염두에 두어 이에 영구히 조선을 제국에 합병하노라···下略···3)

일제는 한일합병이 이루어지자 〈大韓帝國〉을 일본제국의 한 지역으로 인식시키기 위하여 〈朝鮮〉으로 개칭(改稱)하였다. 그리고 제국주의 식민지 정책 기관으로 〈朝鮮總督府〉를 설치하고, 초대 총독으로 데라우치 마사타케(寺內正毅)를 임명하여 무단정치와 제국신민 교육을 병행하여 추진하였다. 따라서 일제는 조선인 교육정책의 중점을 '점진적 동화주의'에 두고 풍속미화(풍속의 일본화), 일본어 사용, 국정교과서의 편찬과 교원양성, 여자교육과 실업교육에 주력하여 보통교육으로 관철시키고자 했다. 특히 일제

---

3) 教育編纂会『明治以降教育制度発達史』 第十巻 1964년 10월 p.41(필자 번역, 이하 동).
朝鮮教育研究會,『朝鮮教育者必讀』, 1918년, pp.47~48 참고

보통교육 정책의 근간이 되는 풍속미화는 황국신민의 품성과 자질을 육성하기 위한 것으로 일본의 국체정신과 이에 대한 충성, 근면, 정직, 순량, 청결, 저축 등의 습속을 함양하는 데 있었다. 일본에서는 이를 〈통속교육위원회〉라는 기구를 설치하여 사회교화라는 차원에서 실행하였는데, 조선에서는 이러한 사회교화 정책을 보통학교를 거점으로 구상했다는 점이 일본과 다르다 할 수 있다.[4]

조선총독부는 한국병합 1년 후인 1911년 8월 24일 〈朝鮮敎育令〉[5]을 공포함으로써 교육령에 의한 본격적인 동화교육에 착수한다. 초대 조선총독 데라우치 마사타케(寺內正毅)의 교육에 관한 근본방침을 근거로 한 〈朝鮮敎育令〉은 全文 三十條로 되어 있으며, 그 취지는 다음과 같다.

> 조선은 아직 일본과 사정이 같지 않아서, 이로써 그 교육은 특히 덕성(德性)의 함양과 일본어의 보급에 주력함으로써 황국신민다운 성격을 양성하고 아울러 생활에 필요한 지식 기능을 교육함을 본지(本旨)로 하고……
> 조선이 제국의 융운(隆運)에 동반하여 그 경복(慶福)을 만끽함은 실로 후진 교육에 중차대한 조선 민중을 잘 유의시켜 각자 그 분수에 맞게 자제를 교육시켜 成德 達才의 정도에 따라야 할 것이며, 비로소 조선의 민중은 우리 皇上一視同仁의 홍은(鴻恩)을 입고, 一身一家의 福利를 향수(享受)하고 人文 발전에 공헌함으로써 제국신민다운 열매를 맺을 것이다.[6]

이에 따라 교사의 양성에 있어서도 〈朝鮮敎育令〉에 의하여, 구한말 고종의 〈교육입국조서〉의 취지에 따라 설립했던 기존의 '한성사범학교'를 폐지

---

4) 정혜정·배영희(2004), 「일제 강점기 보통학교 교육정책연구」, 『敎育史學 硏究』, 서울대학교 敎育史學會 편, p.166 참고
5) 敎育編纂会(1964, 10) 『明治以降敎育制度発達史』 第十卷, pp.60~63
6) 조선총독부(1964, 10), 『朝鮮敎育要覽』, 1919년 1월, p.21. 敎育編纂会 『明治以降敎育制度発達史』 第十卷, pp.64~65

하고, '관립고등보통학교'와 '관립여자고등보통학교'를 졸업한 자를 대상으로 1년간의 사범교육을 실시하여 배출하였다. 또한 부족한 교원은 '경성고등보통학교'와 '평양고등보통학교'에 부설로 수업기간 3개월의 임시교원 속성과를 설치하여 〈朝鮮敎育令〉의 취지에 맞는 교사를 양산해 내기에 이른다.

데라우치 마사타케가 제시한 식민지 교육에 관한 세 가지 방침은 첫째, '조선인에 대하여 〈敎育勅語〉(Imperial rescript on Education)의 취지에 근거하여 덕육을 실시할 것' 둘째, '조선인에게 반드시 일본어를 배우게 할 것이며 학교에서 敎授用語는 일본어로 할 것.' 셋째, '조선인에 대한 교육제도는 일본인과는 별도로 하고 조선의 時勢 및 民度에 따른 점진주의에 의해 교육을 시행하는 것'이었다.

〈제1차 조선교육령〉(1911)에 의거한 데라우치 마사타케의 교육방침은 "일본인 자제에게는 학술, 기예의 교육을 받게 하여 국가융성의 주체가 되게 하고, 조선인 자제에게는 덕성의 함양과 근검을 훈육하여 충량한 국민으로 양성해 나가는 것"[7]으로, 이를 식민지 교육의 목표로 삼았다. 데라우치는 이러한 교육목표를 내세우며, 일상생활에 '필수(必須)한 知識技能을 몸에 익혀 실세에 적응할 보통교육을 강조하는 한편, 1911년 11월의 「일반인에 대한 유고(諭告)」에서는 '덕성을 함양하고 일본어를 보급하여 신민을 양성해야 한다'고 '교육의 필요성'을 역설하기도 했다. 이에 따라 보통학교의 교육연한은 보통학교 3~4년제, 고등보통학교 4년제, 여자고등보통학교 3년제로 정해졌으며, 이와 관련된 사항을 〈朝鮮敎育令〉에 명시하였다.

한편 일본인학교의 교육연한은 초등학교 6년제, 중학교 5년제, 고등여학교 5년제(1912년 3월 府令 제44호, 45호)로, 조선인과는 다른 교육정책으로 복선형 교육제도를 실시하였음을 알 수 있다. 〈제1차 조선교육령〉과 〈보

---

7) 정혜정·배영희(2004), 위의 논문, p.167

통학교시행규칙〉에 의한 보통학교 교과목과 교과과정, 그리고 수업시수를 〈표 1〉로 정리하였다.[8]

〈표 1〉 〈제1차 조선교육령〉 시기 보통학교 교과과정과 매주 교수시수(1911~1921)[9]

과목＼학년	1학년 과정	시수	2학년 과정	시수	3학년 과정	시수	4학년 과정	시수
수신	수신의 요지	1	좌동	1	좌동	1	좌동	1
국어	독법, 해석, 회화, 암송, 받아쓰기, 작문, 습자	10	좌동	10	좌동	10	좌동	10
조선어 及한문	독법, 해석, 받아쓰기, 작문, 습자	6	좌동	6	좌동	5	좌동	5
산술	정수	6	좌동	6	좌동, 소수, 제등수, 주산	6	분수, 비례, 보합산, 구적, 주산	6
이과					자연계의 사물현상 및 그의 이용	2	좌동, 인신생리 및 위생의 대요	2
창가	단음창가	3	좌동	3	좌동	3	좌동	3
체조	체조, 보통체조				좌동		좌동	
도화	자재화				좌동		좌동	
수공	간이한 세공				좌동	2	좌동	2
재봉及수공	운침법, 보통의류의 재봉, 간이한 수예		보통의류의 재봉법, 선법, 간이한 수예		좌동 및 의류의 선법		좌동	
농업초보					농업의 초보 및 실습		좌동	
상업초보					상업의 초보		좌동	
계		26		26		27		27
국어/전체시수 (%)		38		38		37		37

---

8) 朝鮮教育會(1935), 『朝鮮學事例規』, pp.409~410 참조
9) 〈표 1〉은 김경자 외 공저(2005), 『한국근대초등교육의 좌절』, p.77을 참고하여 재작성 하였음.

〈표 1〉에서 알 수 있듯이 1, 2학년의 교과목에는 수신, 국어, 조선어및한문, 산술, 창가에 시수를 배정하였으며, '체조', '도화', '수공'과, '재봉및수공(女)'과목은 공식적으로 시수를 배정하지 않았다. 그러나 교과과정을 명시하여 교사의 재량 하에 교육과정을 이수하게 하였다. 그리고 3, 4학년과정에서 '조선어및한문'을 1시간을 줄이고 '수공'에 2시간을 배정함으로써 차츰 실용교육을 지향하고 있음을 보여준다.

가장 주목되는 것은 타 교과목에 비해 압도적인 시수와 비중을 차지하고 있는 '國語(일본어)' 과목이다. 특히 언어교육이란 지배국의 이데올로기를 담고 있기 때문에 일본어교육은 일제가 동화정책의 출발점에서 가장 중요시하였던 부분이었다. 〈표 1〉에서 제시된 '國語'과목의 주된 교과과정은 독법, 회화, 암송, 작문, 습자 등으로 일본어교육의 측면만을 드러내고 있다. 그런데 교과서의 주된 내용이 일본의 역사, 지리, 생물, 과학을 포괄하고 있을 뿐만 아니라, 일본의 사상, 문화, 문명은 물론 '실세에 적응할 보통교육' 수준의 실용교육에 까지 미치고 있어, '國語'교과서만으로도 타 교과목의 내용을 학습하도록 되어 있어 식민지교육을 위한 종합교과서라고 볼 수 있다. 그런만큼 40%에 가까운 압도적인 시수를 배정하여 집중적으로 교육하였음은 당연한 일이었을 것이다.

3. 〈제2차 조선교육령〉 시기의 일본어 교육

1) 3 · 1 독립운동과 〈제2차 조선교육령〉

합병 후 일제는 조선총독부를 설치하고 무단 헌병정치로 조선민족을 강압하였다. 육군대신 출신이었던 초대 총독 데라우치 마사타케(寺內正毅)에서 육군대장 하세가와 요시미치(長谷川好道)총독으로 계승된 무단통치는

조선인들의 반일감정을 고조시켰으며, 마침내 〈3・1독립운동〉이라는 예
상치 못한 결과를 초래했다.

　일제는 일제의 침략에 항거하는 의병과 애국계몽운동을 무자비하게 탄
압하고 강력한 무단정치를 펴나가는 한편, 민족고유문화의 말살, 경제적
침탈의 강화로 전체 조선민족의 생존에 심각한 위협을 가했다. 일제는 민
족자본의 성장을 억제할 목적으로 〈회사령〉(會社令, 1910)을 실시함으로써
총독의 허가를 받아야만 회사를 설립할 수 있도록 제한하였고, 〈조선광업
령〉(朝鮮鑛業令, 1915), 〈조선어업령〉(朝鮮漁業令, 1911) 등을 통해 조선에
있는 자원을 착출하였다. 또한 토지조사사업(土地調査事業, 1910~18)으로
농민의 경작지가 국유지로 편입됨에 따라 조상전래의 토지를 빼앗기고 빈
농 또는 소작농으로 전락하기에 이르러, 극히 일부 지주층을 제외하고는
절박한 상황에 몰리게 되었다. 이렇듯 식민통치 10년 동안 자본가, 농민,
노동자 등 사회구성의 모든 계층이 식민통치의 피해를 직접적으로 체감하
게 되면서 민중들의 정치, 사회의식이 급격히 높아져 갔다.

　1918년 1월 미국의 윌슨대통령이 전후처리를 위해 〈14개조평화원칙〉을
발표하고 민족자결주의를 제창했는데, 같은 해 말 만주 지린에서 망명 독
립 운동가들이 무오독립선언을 통하여 조선의 독립을 주장하였고, 이는 조
선 재일유학생을 중심으로 한 〈2・8 독립선언〉으로 이어졌다. 여기에 고
종의 독살설이 불거지면서 그것이 계기가 되어 지식인과 종교인들이 조선
독립의 불길을 지피게 되자, 삽시간에 거족적인 항일민족운동으로 확대되
었고, 일제의 무단정치에 대한 조선인의 분노 역시 더욱 높아져갔다.

　고종황제의 인산(因山, 국장)이 3월 3일로 결정되자, 손병희를 대표로 한
천도교, 기독교, 불교 등 종교단체의 지도자로 구성된 민족대표 33인은 많
은 사람들이 서울에 모일 것을 예측하고, 3월 1일 정오를 기하여 파고다공
원에 모여 〈독립선언서〉를 낭독한 후 인쇄물을 뿌리고 시위운동을 펴기로

하였으며, 각 지방에도 미리 조직을 짜고 독립선언서와 함께 운동의 방법과 날짜 등을 전달해두었다. 독립선언서와 일본정부에 대한 통고문, 그리고 미국대통령, 파리강화회의 대표들에게 보낼 의견서는 최남선이 기초하고, 제반 비용과 인쇄물은 천도교측이 맡아, 2월27일 밤 보성인쇄소에서 2만 1천장을 인쇄하여, 은밀히 전국 주요도시에 배포했다. 그리고 손병희 외 33명의 민족대표는 3월 1일 오후 2시 정각 인사동의 태화관(泰和館)에 모였다. 한용운의 〈독립선언서〉 낭독이 끝나자, 이들은 모두 만세삼창을 부른 후 경찰에 통고하여 자진 체포당했다.

한편, 파고다 공원에는 5천여 명의 학생들이 모인 가운데 정재용(鄭在鎔)이 팔각정에 올라가 독립선언서를 낭독하고 만세를 부른 후 시위에 나섰다. 이들의 시위행렬에 수많은 시민들이 가담하였다. 다음날에는 전국 방방곡곡에서 독립만세와 시위운동이 전개되었다. 이에 조선총독부는 군대와 경찰을 동원하여 비무장한 군중에게 무자비한 공격을 가했다. 그로인해 유관순을 비롯한 수많은 사람들이 학살되거나 부상당하였으며 투옥되는 참사가 벌어졌고, 민족대표를 위시한 지도자 47명은 내란죄로 기소되었다.

〈3·1운동〉 이후 전국적으로 퍼져나간 시위운동 상황에 대한 일본 측 발표를 보면, 집회회수 1,542회, 참가인원수 202만3,089명에 사망 7,509명, 부상 1만5,961명, 검거된 인원은 5만2,770명에 이르렀으며, 불탄 건물은 교회 47개소, 학교 2개교, 민가 715채에 달하였다 한다. 이 거족적인 독립운동은 일제의 잔인한 탄압으로 많은 희생자를 낸 채 목표를 달성하지는 못했지만, 국내외적으로 우리 민족의 독립정신을 선명히 드러낸 바가 되어, 우리 근대민족주의 운동의 시발점이 되었다. 이는 아시아의 다른 식민지 및 반식민지의 민족운동 등에도 영향을 끼쳤는데, 특히 중국의 〈5·4 운동〉, 인도의 무저항 배영(排英)운동인 〈제1차 사타그라하운동〉, 이집트의 반영자주운동, 터키의 민족운동 등 아시아 및 중동지역의 민족운동을 촉진

시킨 것으로 높이 평가되었다.

이처럼 3·1운동은 한국인들의 민족의식을 고취시키고 거국적인 독립운동을 촉진시켜 급기야 상해임시정부가 수립되는 성과를 얻게 되었으며, 대내적으로는 일제의 무단통치를 종결시키게 되는 계기가 된다.

3·1운동 이후의 조선총독정치의 재편과 문화통치의 실시에는 당시 일본 수상이었던 하라 다카시(原敬)의 아이디어가 많이 작용했다. 하라는 한반도에서의 독립만세운동 사건을 접한 후 조선통치방법에 변화의 필요성을 느끼고 조선총독부 관제를 개정함과 동시에 새로운 인사 조치를 단행했다. 그리하여 하세가와(長谷川)총독의 사표를 받고, 이어 제3대 총독으로 사이토 미나토(斎藤實)를 임명하여 문화정치를 표방하면서 조선인의 감정을 무마하려고 하였다. 새로 부임한 사이토는 1919년 9월 3일 새로운 시정방침에 대한 훈시에서 "새로운 시정방침이 천황의 聖恩에 의한 것"이라고 전제하고 "內鮮人으로 하여금 항상 동포애로 相接하며 공동협력 할 것이며, 특히 조선인들은 심신을 연마하고 문화와 民力을 향상시키기를 바란다."[10]고 했는데, 이때부터 총독의 공식적인 발언에서 '내선융화'라는 단어가 빈번하게 사용되었다. 이러한 식민지 융화정책의 일환으로 1919년 말에는 3面 1校制[11]를 내세워 조선인도 일본인과 동일하게 처우할 것임을 공언하였으며, 1920년에는 부분적으로 개정된 교육령(칙령 제19호)을 제시하여 〈일시동인〉의 서막을 열었다. 그리고 1922년 2월 교육령을 전면 개정하여 전문 32개조의 〈제2차 조선교육령〉을 공포하였는데, 이는 3·1 독립운동으로 대표되는 조선인의 저항에 따른 식민지교육의 궤도수정이었다 할 수 있겠다.

---

10) 조선총독부(1921), 『朝鮮에 在한 新施政』, pp.54~56
11) 3面 1校制: 1919년에 실시된 것으로 3개의 面에 하나의 학교 설립을 의미한다. 이후 1929년 1面 1교제를 실시하게 되어 면 지역을 중심으로 학교가 급증하게 된다. 윤병석 (2004), 『3·1운동사』, 국학자료원 p.47

〈2차 교육령〉의 특기할만한 점은 '一視同仁'을 추구하기 위해 일본 본토의 교육제도에 준거하여 만들어졌다는 점이다. 따라서 교육제도와 수업연한 등에서 이전과는 다른 변화를 볼 수 있으며, 종래에 저급하게 짜였던 학교체계를 고쳐 사범교육과 대학교육을 첨가하고 보통 교육, 실업교육, 전문교육의 수업연한을 다소 높였음이 파악된다. 그러나 법령 제3조에서 '국어(일본어)를 상용하는 자와 그렇지 않은 자'를 구별하였으며, 종래와 같이 일본인을 위한 소학교와 조선인을 위한 보통학교를 여전히 존속시킴으로써 실질적으로는 민족차별을 조장하였음을 알 수 있다.

보통학교 교육에 대한 취지와 목적은 〈1차 교육령〉과 거의 동일하다. 이는 당시 조선총독부에서 제시한 신교육의 요지와 개정된 교육령의 항목에서 찾을 수 있다.

보통교육은 국민된 자격을 양성하는 데 있어 특히 긴요한 바로서 이 점에 있어서는 법령의 경개에 의하여 변동이 생길 이유가 없음은 물론이다. 즉 고래의 양풍미속을 존중하고 순량한 인격의 도야를 도모하며 나아가서는 사회에 봉사하는 념(念)을 두텁게 하여 동포 집목의 미풍을 함양하는데 힘쓰고 또 일본어에 숙달케 하는데 중점을 두며 근로애호의 정신을 기르고 흥업치산의 지조를 공고히 하게 하는 것을 신교육의 요지로 한다.[12]

보통학교는 아동의 신체적 발달에 유의하여, 이에 덕육을 실시하며, 생활에 필수한 보통의 지식 및 기능을 수여하여 국민으로서의 성격을 함양하고 국어를 습득시킬 것을 목적으로 한다.[13]

이처럼 〈2차 교육령〉에서의 보통학교 교육목적은 이전의 '충량한 신민

---

12) 조선총독부(1922), 「관보」, 1922. 2. 6
13) 〈제2차 조선교육령〉 제4조

의 육성'이라는 교육목표를 언급하고 있지는 않지만, 교육 목적에 있어서는 이전과 다를 바 없다. 생활에 필수적인 보통의 '지식과 기능'을 기른다고 명시함으로써 학교에서 가르쳐야 할 것을 생활의 '필요'에 한정하고 있으며, '국민으로서의 성격을 함양'하거나 '국어습득'을 강조함으로써 國語 즉 일본어를 습득시켜 일제의 충량한 신민을 양육하고자 하는 의도가 그대로 함축되어 있음을 알 수 있다.

2) 교과목과 수업시수

〈2차 교육령〉에서 이전의 교육령에 비해 눈에 띄게 변화된 점이 있다면 바로 보통학교의 수업연한이 6년제로 바뀐 점이다. 조선총독부는 이의 규정을 제5조에 두었는데, 그 조항을 살펴보면 "보통학교의 수업 연한은 6년으로 한다. 단 지역의 정황에 따라 5년 또는 4년으로 할 수 있다."[14]로 명시하여 지역 상황에 따른 수업연한의 유동성을 예시하였다. 이에 따른 교과목과 교육시수를 〈표 2〉로 정리하였다.

〈표 2〉〈제2차 조선교육령〉 시기 보통학교 교과목 및 매주 교수시수

학제	4년제 보통학교				5년제 보통학교					6년제 보통학교					
과목\학년	1	2	3	4	1	2	3	4	5	1	2	3	4	5	6
수신	1	1	1	1	1	1	1	1	1	1	1	1	1	1	1
국어	10	12	12	12	10	12	12	12	9	10	12	12	12	9	9
조선어	4	4	3	3	4	4	3	3	3	4	4	3	3	3	3
산술	5	5	6	6	5	5	6	6	4	5	5	6	6	4	4
일본역사									5					2	2
지리														2	2
이과				3				2	2				2	2	2

---

14) 〈제2차 조선교육령〉 제5조

도화			1	1			1	1	2(남)1(여)				1	2(남)1(여)	2(남)1(여)
창가			1	1				1	1				1	1	1
체조	3	3	3(남)2(여)	3(남)2(여)	3	3	1	3(남)2(여)	3(남)2(여)	3	3	3	3(남)2(여)	3(남)2(여)	3(남)2(여)
재봉			2	2				2	3				2	3	3
수공															
계	23	25	27(남)28(여)	27(남)28(여)	23	25	27	29(남)31(여)	30(남)31(여)	23	25	27	29(남)30(여)	29(남)30(여)	29(남)30(여)

〈2차 조선교육령〉 시행기는 〈1차 조선교육령〉 시행기에 비하여 '조선어 및 한문'이 '조선어' 과목으로 되어 있으며, 수업시수가 이전에 비해 상당히 줄어든 반면, 國語(일본어)시간이 대폭 늘어났다. 주목되는 점은 '역사'와 '지리' 과목을 별도로 신설하고 5, 6학년 과정에 배치하여 본격적으로 일본 사와 일본지리를 교육하고자 하였음을 알 수 있다.

한편 4년제 보통학교의 경우 조선어 교과의 비중감소나 직업교과의 비중감소 등은 6년제와 유사하다. 그러나 5년제나 6년제와는 달리 역사, 지리 등의 교과가 개설되지 않았다는 점에서 이 시기의 4년제 보통학교는 '간이교육기관'의 성격을 띠고 있었음을 알 수 있다.

또한 조선총독부는 지속적으로 〈보통학교규정〉을 개정하였는데, 개정된 보통학교 규정의 주요 항목들을 살펴보면, 1923년 7월 31일 〈조선총독부령 제100호〉로 개정된 〈보통학교규정〉에서는 4년제 보통학교의 학과목의 학년별 교수정도와 매주 교수시수표상의 산술 과목 제4학년 과정에 '주산가감'을 첨가하도록 하였다. 또한 1926년 2월 26일 〈조선총독부령 제19호〉의 〈보통학교규정〉에서는 보통학교의 교과목을 다음과 같이 부분적으로 개정하였는데, ①제7조 제3항(4년제 보통학교는 농업, 상업, 한문은 가할 수 없음) 중 농업, 상업을 삭제하고 ②"수의과목이나 선택과목으로 한문

을 가하는 경우 제5학년, 제6학년에서 이를 가하고 이의 매주 교수시수는
전항의 예에 의하는 것"으로 하였다. 그리고 1927년 3월 31일자 〈조선총독
부령 제22호〉의 〈보통학교규정〉에서는 보통학교 교과목 중 '일본역사' 과
목의 과목명을 '국사'로 바꾸었다.

한편 〈제2차 조선교육령〉에 나타난 '교수상의 주의사항'을 〈1차 조선교
육령〉기와 비교해 볼 때, 국어(일본어) 사용과 관련된 기존의 항목만이 삭
제되고 나머지는 거의 유사하다. 이와 같이 일본어 사용에 대한 명시적인
강조가 사라진 것은 1919년 독립운동 후 조선의 전반적인 사회분위기를
고려한 것으로 추정된다.

3) 관공립 사범학교의 초등교원 양성과정

강점초기의 관립사범학교로는 관립경성사범학교를 들 수 있는데, 이 학
교는 조선총독부 사범학교였던 경성사범학교가 개편된 것으로, 1부는 소
학교 교원을, 2부는 보통학교 교원을 양성하도록 하였다. 또한 '보통과'와
'연습과'를 설치하여 '보통과'는 5년(여자는4년), '연습과'는 1년의 수업 연한
을 두었다.

'보통과'는 12세 이상의 심상소학교나 6년제 보통학교 졸업자, 중학교 또
는 고등보통학교 재학자, 12세 이상으로 국어, 산술, 일본역사, 지리, 이과
에 대하여 심상소학교 졸업 정도로, 시험에 합격한 자에게 입학 기회가
주어졌다. '연습과'는 보통과 졸업자 외에 문부성 사범학교 규정에 의한 사
범학교 본과 졸업자, 중학교 혹은 고등여학교 졸업자, 고등보통학교 혹은
여자고등보통학교 졸업자, 실업학교 졸업자, 전문학교 입학자, 검정시험
합격자, 사범학교 연습과 입학자격시험 합격자에 한해서 입학할 수 있었
다. 졸업 후에는 각 과정 중의 혜택에 따라 의무 복무 기간을 이행해야
했는데, '보통과'와 '연습과'를 거친 관비졸업자는 7년을, 사비졸업자는 3년

을 보통학교나 소학교에서 근무해야 했으며, 또 '연습과'만을 거친 관비졸업자에게는 2년, 사비졸업자는 1년의 의무 복무기간을 부여하였다.

이처럼 강점초기에는 관립이나 공립사범학교라는 독립된 교원양성기관을 설치하여 식민지 교육목적에 합당한 교원으로 양성하려 하는 한편, 사범학교 이외의 교원양성과정에 의하여 교원을 선발하기도 하였다. 이러한 점은 교원의 선발기준에서 다양성을 보여줌으로써 장점으로 작용하기도 하였으나, 교원의 수준 격차라는 문제성을 드러내기도 하였다.

1922년에 〈2차 조선교육령〉이 공포된 이후 초등교원 양성에 관한 정책에도 변화가 일어난다. 조선총독부는 기존의 다양한 교원양성과정을 정리하고, 관공립사범학교를 위주로 하여 교원양성교육을 실시하도록 하였다.

공립사범학교는 1922년 〈제2차 조선교육령〉과 〈사범학교규정〉에 의해 1922년부터 1923년까지 12개 도에 공립특과사범학교 형태로 설치되었다. 공립사범학교의 특과에는 2년제 고등소학교 졸업자 또는 이와 동등 이상의 학력이 있는 자가 입학 할 수 있었다. 학년은 3학기로 나뉘어져 운영되었으며, 수업연한은 처음에는 2년이었다가 1924년부터 3년으로 연장되었다. 특과의 교과목으로는 수신, 교육, 국어, 역사, 지리, 수학, 이과, 도화, 수공, 음악, 체조, 농업, 조선어 및 한문이 부과되었다. 생도에게는 학자금과 기숙사가 제공되었는데 이러한 혜택은 복무 의무와도 연결되어 3년제 특과 관비 졸업자는 4년의 의무 복무 기간을, 2년제 관비 졸업자는 3년, 특과 사비 졸업자는 2년의 복무 기간을 이행해야 했다. 그럼에도 이러한 조치와는 별도로 관립중등학교에 부설했던 사범과를 1925년까지 계속 유지시켰는데, 이는 부족한 초등교원을 양산하기 위한 것이었음을 알 수 있다.

한편 교원의 직급과 그 자격시험에 관한 내용은 1911년 10월에 내려진 〈조선총독부령 제88호〉에 제시되어 있는데, 그 내용을 살펴보면 교원의 직급은 교장, 교감, 훈도, 부훈도, 대용교원, 강사로 되어 있다. 그리고 자격시험을 3종으로 나누어, 제1종은 소학교 및 보통학교의 훈도, 제2종은 보통학교 훈도, 제3종은 보통학교 부훈도에 임명함을 명시하고 있다. 이 때 제2종과 제3종 시험은 조선인만 치를 수 있었으며, 제3종 시험 교과목은 수신, 교육, 국어, 조선어 급 한문, 산술, 이과, 체조, 도화, 실업(여자의 경우 재봉 및 수예, 남자의 경우 농업, 상업 중 1과목)으로 하였다.15)

〈2차 조선교육령〉 기간 동안은 교원자격시험에도 간간히 변화가 있었는데, 1922년 4월 8일 〈조선총독부령 제58호〉에 의한 변화로는, 시험은 종전과 같이 3종으로 나누었고, 제1종 시험과목 및 그 정도는 남자에 있어서는 사범학교 남생도, 여자에 있어서는 사범학교 여생도에 관한 학과목 및 그 정도에 준하는 정도로 하였다. 또한 소학교 교원자격을 가진 자에게는 '영어' 및 '조선어' 과목을 부가하고, 보통학교 교원자격을 가진 자에게는 '영어'와 '농업' 혹은 '상업'과목을 부가하였다. 제2종 시험의 시험과목 및 그 정도는 남자에게는 사범학교 특과 남생도에, 여자에게는 사범학교 특과 여생도에 부과한 학과목 및 그 정도에 준하도록 하였으며, 그 중 소학교 교원자격을 가진 자는 '조선어'와 '농업' 혹은 '상업'과목에서 선택하도록 하였다. 제3종 시험은 국어(일본어) 상용자로, 한국인에 한하여 치르도록 하였는데, 제3종 시험에 급제한 자에게 제2종 시험을 치를 수 있게 하고, 제2종 시험에 급제한 자에게는 제1종 시험을 치를 수 있는 자격을 주었다.16)

교원자격시험과 관련된 정책은 이듬해인 1923년에 다시 한 번 개정된다. 제1종 시험은 조선총독부에서, 제2종, 제3종 시험은 각 도에서 시행하도록 하였는데, 일본인 교원임용과 관련된 사항은 조선총독부에서 행하고, 한국인 교원임용과 관련된 사항은 각 도에서 행하도록 한 것이다.17) 이러한 정책은 더 확장되어 1925년에는 제1종에서 제3종까지 모든 교원시험과 관

---

15) 조선총독부(1911), 「관보」, 1911.10.
16) 김경자 외 공저(2005), 앞의 책, pp.185~186 참조.
17) 조선총독부(1923), 「관보」, 1923.4.18.

련된 정책 권한을 각 도로 이양18)하게 된다.

4. 第二期 『普通學敎國語讀本』의 표기 및 배열

第二期 『普通學敎國語讀本』은 3 · 1운동 이후 문화정치를 표방하면서 일본 본토의 교육과 차별 없이 실시한다는 〈일시동인〉에 중점을 둔 일제의 식민지 교육정책에 의하여 1923년부터 1924년에 걸쳐 모두 8권이 편찬되게 된다.

이의 편찬을 담당한 사람은 당시 조선총독부 학무국 소속 교과서 편수관으로 일본 국정교과서 편찬에도 참여했던 아시다 에노스케(芦田惠之助)였다. 아시다는 당시 조선총독 사이토가 공포한 〈2차 조선교육령〉의 취지에 입각하여 '內鮮融和'의 길을 다양한 방법으로 모색하여 교과서에 반영하였기 때문에, 第二期 『普通學敎國語讀本』에는 '內鮮融和'라는 추상적 이미지의 실체가 상당히 구체적으로 제시되어 있음이 파악된다.

〈제2차 조선교육령〉의 획기적인 변화는 내지연장주의 교육이라는 틀 아래 일본의 소학교와 동일한 학제를 유지하기 위하여 보통학교 학제를 6년제로 개편한 점이다. 그런데 학제개편에 따른 교과서 출판이 원활하지 못한 관계로 조선총독부에서 편찬한 교과서는 1~4학년용 8권만이 출판되었으며, 5~6학년 교과서는 급한 대로 문부성 발간 『尋常小學國語讀本』을 그대로 가져와 사용하게 되었다. 이에 대한 출판사항은 〈표 3〉과 같다.

---

18) 조선총독부(1925), 「관보」, 1925.12.23.

〈표 3〉〈제2차 교육령〉시기에 교육된 日本語敎科書의 출판사항

卷數	출판년도	사이즈		課	貢	정가	학년 학기
		縱	橫				
卷一	1930	22	15		59	12錢	1학년 1학기
卷二	1930	22	15	26	79	13錢	1학년 2학기
卷三	1931	22	15	27	99	13錢	2학년 1학기
卷四	1931	22	15	25	104	13錢	2학년 2학기
卷五	1932	22	15	26	110	14錢	3학년 1학기
卷六	1932	22	15	25	107	14錢	3학년 2학기
卷七	1933	22	15	25	112	15錢	4학년 1학기
卷八	1933	22	15	26	130	15錢	4학년 2학기
卷九	1934	22	15	24	130	16錢	5학년 1학기
卷十	1934	22	15	24	138	16錢	5학년 2학기
卷十一	1935	22	15	24	127	16錢	6학년 1학기
卷十二	1935	22	15	28	140	16錢	5학년 2학기
계					1335		

朝鮮總督府　第三期　『普通學校國語讀本』1930~1935년

〈표 3〉에서 알 수 있듯이 〈제2차 교육령〉시기에 교육된 '國語(일본어)'교과서는 조선총독부 발간『普通學校國語讀本』이 1학년부터 4학년까지 8권으로 되어 있으며, 문부성 발간『尋常小學國語讀本』은 5학년부터 6학년까지 4권으로 되어있다.

1911년에 제정된 〈普通學校施行規則〉에 의해 1913년부터는 신규편찬(新規編纂)의 교과서에 대해서는 자비구입이라는 원칙에 따라 第二期『普通學校國語讀本』의 가격은 13錢~18錢으로 책정이 되어 있다. 이는 第一期『普通學校國語讀本』이 각 6錢의 저가로 보급했던데 비해, 대한제국기 學部편찬 교과서의 가격(각 12錢)으로 회귀한 면을 보인다. 뿐만 아니라 第二期『普通學校國語讀本』은 〈표 3〉과 같이 학년에 차등을 두어 지면의 양에 비례하여 실비로 공급한 듯한 인상을 풍긴다. 이러한 점은 문부성 발간『尋常小學

國語讀本』이 무상인 것과 묘한 대조를 이룬다.

第二期 『普通學校國語讀本』의 특징은, 第一期와 마찬가지로 띄어쓰기가 없는 일본어 표기에서 저학년(1, 2학년)용에 띄어쓰기가 채용된 점이다. 이는 역시 모어(母語)를 달리하는 조선 아동이 처음 일본어로 된 교과서에 쉽게 접근할 수 있게 하기 위함이었을 것이다.

第二期 『普通學校國語讀本』은 그 구성면에서 第一期에 비해 유화적인 면을 엿볼 수 있다. 먼저 삽화를 보면 군복차림의 선생님을 제시하여 위압적인 분위기를 조장하였던 1기에 비해, 2기에서는 모두 말쑥한 양복차림으로 등장하여 한층 유화적인 분위기로 변화하였다. 또한 일장기의 등장 횟수도 1기의 10회였던 것에 비해, 2기에는 3회에 그치는 것으로 사뭇 변화된 모습을 보이고 있다. 그리고 당시 총독부 학무국의 "조선에서 조선인을 교육할 교과서는 조선이라는 무대를 배경으로 하여야 함이 당연하다."[19]는 편찬방침에 따라 조선의 민화와 전설, 그리고 조선의 衣食住를 들어 채택하였으며, 삽화의 배경에 있어서도 조선의 것이 채택되었는데, 예를 들면 한복, 초가지붕, 민속놀이, 갓을 쓴 선비, 조선의 장독대, 그리고 일반 민중이 주로 이용하는 5일장의 모습을 교과서에 실음으로써 친근감을 유발하였다.

第二期 『普通學校國語讀本』에는 당시 식민지 교육정책이 그대로 반영되어 '일시동인'과 '내지연장주의'에 의한 동화정책을 꾀하는 한편 내부적으로는 실업교육을 강조하고 있었다. 때문에 '國語교과서의 특성상 당연히 지배국의 언어교육에 중점을 두어 국체의 이식을 꾀하였으며, 여기에 국민으로서의 성격함양을 추구하는 내용을 여러 각도로 제시하여 동화교육을 실행해 나가는 한편, 실생활에 必修한 실용교육을 가정 및 사회생활 교육과 농업, 공업, 상업 등으로 연결되는 실업교육에 관련된 내용을 수록함으로써 식민지 교육목적에 부합하는 국민양성에 힘썼음을 알 수 있다.

---

19) 조선총독부(1923), 『조선교육례개정에따른신교과용도서편찬방침』, p.17

5. 보통학교 교과서와 교육상의 지침

1914년 일제가 제시한 보통학교 교과서 편찬의 일반방침은 앞서 제정, 선포되었던 「敎授上의 注意 幷 字句訂正表」의 지침을 반영하고 기본적으로 〈조선교육령〉과 〈보통학교규칙〉에 근거를 둔 것이었다. 이에 따라 교과서 기술에 있어서도 「朝鮮語及漢文」을 제외하고는 모두 일본어(國語)[20]로 통합하여 기술하였고, 1911년 8월에 조선총독부가 편찬한 『국어교수법』이나, 1917년에 주로 논의되었던 교육상의 교수지침에서도 '풍속교화를 통한 충량한 제국신민의 자질과 품성을 갖추게 하는 것임'을 명시하여 초등교육을 통하여 충량한 신민으로 교화시켜나가려 하였다.

1906년부터 조선어, 수신, 한문, 일본어 과목의 주당 수업시수를 비교해 놓은 〈표 4〉에서 알 수 있듯이, 수업시수는 1917년 일본어 10시간에, 조선어(한문) 5~6시간이었던 것이, 1938~1941년에는 수신 2시간, 일본어 9~12시간, 조선어 2~4시간으로 바뀌었으며, 이때의 조선어는 선택과목이었다. 그러다가 1941~1945년에는 조선어가 아예 누락되고 수신(국민도덕 포함) 및 일본어가 9~12시간으로 되어 있다. 이는 일본이 태평양전쟁을 전후하여 창씨개명과 징병제도를 실시하면서 민족말살정책을 점차 심화시켜 가는 과정으로 이해될 수 있다.

각 시기에 따른 학년별, 과목별 주당 수업시수는 〈표 4〉와 같다.

---

20) 일본어가 보급되기까지 사립학교 생도용으로 수신서, 농업서 등에 한하여 별도로 朝鮮譯書로 함

〈표 4〉 조선에서의 수신·조선어·한문·일본어의 주당 수업시수

| 학년 | 통감부(1907) | | | | 제1기(1911) | | | 제2기(1922) | | | 제3기(1929) | | | 제4기(1938) | | | 제5기(1941) |
	수신	조선어	한문	일어	수신	국어(일어)	조선어 및 한문	수신	국어(일어)	조선어	수신	국어(일어)	조선어	수신	국어(일어)	조선어	국민과(수신/국어)
제1학년	1	6	4	6	1	10	6	1	10	4	1	10	5	2	10	4	11
제2학년	1	6	4	6	1	10	6	1	12	4	1	12	5	2	12	3	12
제3학년	1	6	4	6	1	10	5	1	12	3	1	12	3	2	12	3	2 / 9
제4학년	1	6	4	6	1	10	5	1	12	3	1	12	3	2	12	2	2 / 8
제5학년								1	9	3	1	9	2	2	9	2	2 / 7
제6학년								1	9	3	1	9	2	2	9	2	2 / 7
합계	4	24	16	24	4	40	22	6	64	20	6	64	20	12	64	16	62

* 제1기(보통학교시행규칙, 1911. 10. 20), 제2기(보통학교시행규정, 1922. 2. 15), 제3기(보통
학교시행규정, 1929. 6. 20), 제4기(소학교시행규정, 1938. 3. 15), 제5기(국민학교시행규정,
1941. 3. 31)

초등학교에는 合科的 성격의 「國民科」, 「理數科」, 「體鍊科」, 「藝能科」,
「實業科」라는 5개의 교과가 있었는데, 그 중의 「國民科」는 修身, 國語, 國史,
地理의 4과목으로 이루어져 있다. 國語, 國史, 地理의 合本的 텍스트로 「國民
科」의 4분의 3을 입력한 교과서 『普通學校國語讀本』의 내용 역시 「修身」
교과서와 같이 품성의 도야, 국민성 함양을 목표로 하고 있다. 또한 「朝鮮
語 及 漢文」 과목의 교재도 『普通學校國語讀本』과 마찬가지로 일본천황의
신민에 합당한 국민성을 함양케 하는 데 치중하고 도덕을 가르치며 상식을
알게 할 것에 교수목표를 두고 있다.

朝鮮統監府 및 朝鮮總督府의 관리하에 편찬 발행하여 조선인에게 교육했
던 일본어 교과서를 '統監府期'와 '日帝强占期'로 대별하고, 다시 日帝强占期
를 '1期'에서 5期로 분류하여 '教科書名, 編纂年度, 卷數, 初等學校名, 編纂處'
등을 〈표 5〉로 정리하였다.

〈표 5〉 朝鮮統監府, 日帝强占期 朝鮮에서 사용한 日本語敎科書

區分	期數別 日本語敎科書 名稱			編纂年度 및 卷數	初等學校名	編纂處
統監府期	普通學校學徒用 日語讀本			1907~1908 全8卷	普通學校	大韓帝國 學部
日帝强占期	訂正 普通學校學徒用國語讀本			1911. 3. 15 全8卷	普通學校	朝鮮總督府
	一期	普通學校國語讀本		1912~1915 全8卷	普通學校	朝鮮總督府
		改正普通學校國語讀本		1918 全8卷		
	二期	普通學校國語讀本		1923~1924 全12卷	普通學校	(1~8)朝鮮總督府 (9~12)日本文部省
	三期	普通學校國語讀本		1930~1935 全12卷	普通學校	朝鮮總督府
	四期	初等國語讀本 小學國語讀本		1939~1941 全12卷	小學校	(1~6)朝鮮總督府 (7~12)日本文部省
	五期	ヨミカタ	1~2학년 4권	1942 1~4卷	國民學校	朝鮮總督府
		初等國語	3~6학년 8권	1942~1944 5~12卷		

　　第二期『普通學校國語讀本』은 문화정치를 표방한 초등교육의 텍스트였지만 일제의 정치적 목적에 의해 편찬된 第一期『普通學校國語讀本』과 크게 다르지 않은 초등교과서로, 조선인을 일제가 의도하는 천황의 신민으로 육성하는 것을 목표로 편찬된 초등학교용 교과서라 할 수 있을 것이다.

2014년 2월
전남대학교 일어일문학과 김순전

조선총독부 편찬 (1923~1924)

『普通學校國語讀本』

第二期 한글번역 卷9

5학년 1학기

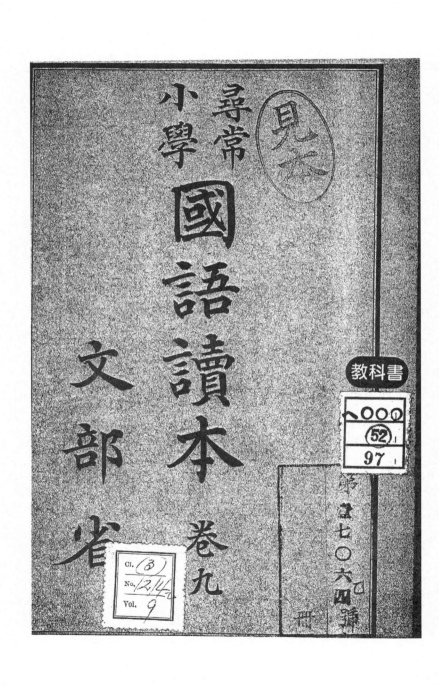

尋常小學

國語讀本

卷九

文部省

조선총독부 편찬(1923~1924)
『普通學校 國語讀本』第二期 한글번역 卷9

목록

제1 오늘

古(huru)	깊어가는 밤의 적막함이여! 모든 것은 어둠이라는 검은 장막에 덮여서 편안한 잠 속에 빠져 있구나! 혼자서 잠 못 이루는 오래된 시계 밤을 지키는 야경꾼의 딱딱이처럼 똑딱 거리며 외롭게 시간을 새겨 가구나! 

雞(niwatori)
業(waza)

새기고 또 새겨 새벽 무렵의
닭이 우니 밤의 장막
조용히 걷혀, 어슴푸레
동창은 밝아오누나!

좋은 날은 밝았네 상쾌도 하게!
아침 해는 떴구나 화창하게도!
자! 일어나서 힘차게
나도 힘내야지, 오늘의 할 일

제2 트럭 섬에서 온 편지

廻(mawa)
島(shima)
土(do)
邊(atari)
帶(tai)
屬(zoku)
移(utsu)

마쓰타로에게

3월 25일 보내 준 편지를 어제 받았습니다. 아버님을 비롯하여 모든 분이 건강하셔서 다행입니다. 숙부도 변함없이 건강하게 여러 섬을 돌아다니고 있으니 안심하세요.

이 트럭 섬1)에 와서 벌써 3개월이 되었기에 이곳의 사정도 대충은 알았습니다. 겨울이고 봄이고 이곳에서는 마치 내지(內地)의 여름 같습니다. 더위도 일 년 내내 이 정도라 하니, 전에 생각했던 것과는 달리, 꽤 살기 좋은 곳 같습니다. 게다가 이 주변 일대의 섬들은 우리 일본의 지배에 속해 있어서, 내지에서 이사 온 사람도 많아 조금도 외롭지는 않습니다.

1) truck island(트럭諸島). 현 미크로네시아 연방. 태평양전쟁 시 연합군과 일본군의 격전지.

殊(koto)

　내지에서 와서 먼저 눈에 띈 것은 식물로, 그 중
에서도 특히 희귀한 것은 코코야자나무나 빵나무
등입니다. 코코야자나무는 큰 것은 26~27미터나
됩니다.

幹(miki) 肉(niku) 油(yu)	새의 날개를 닮은 큰 잎이 줄기 위쪽에 모여 달려 있고, 그 잎줄기에는 어른 머리만한 열매가 주렁주렁 달려 있습니다. 열매 안에는 단단한 껍질이 있고, 그 안쪽에 하얀 살 같은 것이 있습니다. 여기에서 야자유를 짜내고, 비누나 초 등을 만든답니다. 아직 완전히 익지 않은 열매는 안에 맑은 물이 있습니다. 이것이 꽤나 맛있는 것으로, 우리들도 자주 따서 마십니다.

食(shoku)

또 빵나무도 곳곳에 아름다운 숲을 이루고 있습니다. 그 열매는 이 지방 토착민들의 가장 소중한 식료품으로, 구워먹거나 떡을 만들어 먹기도 합니다. 맛은 정말로 산뜻한 것입니다.

  희귀한 식물은 이외에도 아직 많이 있습니다.

茂(shige) 乏(tobo) 飮(in) 靜(shizu) 低(tei) 紫(murasaki) 群(mure)	이러한 식물이 제멋대로 무성하게 우거져 있는 모습은 실로 대단합니다. 특히 매일처럼 내리는 소나기가 엄청난 기세로 나무와 풀을 씻고 지나간 뒤의 선명한 녹색의 세계는, 뭐라 비유할 수 없이 기분 좋은 것입니다. 물이 부족한 이들 섬에서는 그 빗물이 또한 소중한 음료가 되는 것입니다. 　바다 속도 꽤나 아름답습니다. 물은 아주 맑아서, 파도가 잔잔한 바다의 뱃전에서 들여다보면, 아름다운 바다 아래의 모습이 손에 잡힐 듯이 잘 보입니다. 파란색, 녹색, 빨간색, 보라색으로 눈이 번쩍 뜨일 정도로 아름다운 고기떼가 산호 숲이나 해초 사이를 요리조리 헤엄쳐 다닙니다.

性(sei)
供(domo)
便(tayori)

어쩐지 동화의 세계에서 헤매고 있는 듯 합니다.

토착민은 아직 미개한 상태지만, 성질은 온순하여 우리들을 잘 따르고, 특히 근년에 우리나라에서 학교를 여기저기에 세웠기 때문에, 어린이들은 꽤나 능숙하게 일본어를 말합니다. 요전에도 열 살 정도의 소녀가 '기미가요'를 부르고 있었습니다.

머지않아 다시 가까운 시일 내에 편지를 쓰겠어요. 아버님과 어머님께 안부 전해 주십시오.

4월 10일
숙부로부터

제3 오토다치바나히메

勅(choku)
亡(horobo)

게이코(景行)천황의 황자(皇子) 야마토타케루노 미코토(日本武尊)가, 선주민 에조(蝦夷)[2]를 평정하라는 칙명을 받들어, 동쪽지방으로 내려 가셨다. 스루가(駿河)[3]의 적을 멸하신 후, 사가미(相模)[4] 지방에서 가즈사(上總)[5] 지방으로 넘어가시려고, 지금의 우라가(浦賀) 부근에서 바다를 건너셨다.

2) 관동 이북에 살던 일본의 선주(先住) 민족(아이누족의 옛 이름). 홋카이도의 옛 이름.
3) 지금의 시즈오카(靜岡)현의 중앙부
4) 지금의 가나가와(神奈川)현 일대
5) 지금의 지바(千葉)현의 중앙부

旣(sude) 俄(niwaka) 荒(a) 危(abuna)	이미 큰 바다에 나오셨는데, 갑자기 큰바람이 불어와, 파도가 험하게 거칠어져, 배가 조금도 앞으로 나아가지 못하고 금방이라도 뒤집힐 것 같았다. 그때 함께 가셨던 오토다치바나히메(弟橘媛)[6]가 황자의 옥체가 위험하다고 보시어, 　"이는 해신(海神)의 노여움이시라! 내가 황자(皇子) 대신에 바다에 들어가, 신의 마음을 풀어 드려야 하겠다. 황자(皇子)는 칙명을 완수하고 기쁘게 도읍으로 돌아가시오!"

6) 야마토타케루노미코토(日本武尊)의 비(妃). 호즈미노우지오시야마노스쿠네(穗積氏忍山宿禰)의 딸. 고지키(古事記), 니혼쇼키(日本書紀)전설에, 미코토(日本武尊)가 관동지방(關東地方)을 정복하라는 게이코(景行)천황의 명을 받들어 정벌갔을 때, 사가미(相模, 우라가스이도浦賀水道 부근)바다에서 풍파(風波)가 일어났을 때, 해신(海神)의 노여움을 위무키 위해 미코토를 대신하여 바다에 들어갔다고 전해짐.

敷皮 (sikigawa) 重(kasa)	라고 말씀하고, 사초(莎草) 거적 여덟 장, 가죽깔개 여덟 장, 비단 깔개 여덟 장을 파도위에 겹겹이 깔고, 그 위로 뛰어내리셨다. 　이상하구나! 지금까지 거칠디 거친 큰바다가 저절로 조용해지고 바람이 평온해지니, 황자(皇子) 야마토타케루노미코토는 무사히 가즈사 지방에 도착하셨다 하더라.

제4 양계

아침 일찍 일어나서, 우물가에 나간다. 우물가 감나무가 날마다 뻗어가는 새싹의 옅은 녹색이 보기에도 기분이 좋다. 세수를 끝내고, 여느 때처럼 마당 모퉁이에 있는 닭장 문을 연다. 기다리고 있던 닭들도 앞 다투어 달려 나온다. 닭장 안으로 들어가 병아리 상자를 안고 나와, 처마 밑에 있는 울 안에 병아리를 푼다. 솜털로 둘러싸인 병아리들! 작은 소리를 내면서 아장아장 뛰어 다닌다.

여동생은 모이상자를 가지고 닭장 앞으로 온다. 어미닭들은 바로 알아채고, 누이의 발 주변으로 떼를 지어 모인다. 누이는 모이를 쥐고 일부러 조금 떨어져 있는 오동나무 주위에 흩뿌리니, 닭은 황급히 그쪽으로 간다. 하얀색, 검은색, 옅은 주황색의 열 몇 마리 정도의 닭이 한 무리로 뭉쳐, 머리와 머리를 서로 부딪치며 서둘러 모이를 먹는다.

여동생이 이윽고 울타리 가까이 다가가니, 안에 있는 병아리들은 작은 주둥이를 벌리고, 삐약 삐약 울면서, 울 곁으로 모여든다. 날마다 돌봐주고 있어서, 어느 닭이나 모두 귀엽지만, 병아리는 한층 귀엽게 여겨진다. 누이동생도 같은 생각이었던지, 잠시 넋을 잃고 바라보며 병아리 곁을 떠나지 않는다.

헛간 앞에 있는 빈 상자에서 제첩 껍질을 꺼내어, 잘게 찧어 가루를 낸다. 그 소리를 듣고 뛰어와 흩어져 있는 조개 조각을 재빨리 쪼아 먹는 것은 새하얀 암탉이다. 잘게 가루 낸 조개껍질을 그릇에 담아 주는데, 이것에는 모이 줄 때처럼 모여들지 않는다.

닭장 안에 들어가 보니, 짚 둥지 안에 좋은 달걀 두 개가 놓여있다. 어제 오후에 낳은 것이겠지!

雞(kei)	여동생이 놓고 간 모이상자에 넣어가지고 와, 거실 찬장 안에 넣어둔다. 책상 서랍에서 '양계일기'를 꺼내어, '4월 25일 아침, 달걀 두개'라고 기입한다. 아버님의 말씀대로, 양계는 금년부터 우리들의 일이 되고, 일기도 건너 받아서, 닭에 대한 모든 것을 이것에 적어 둔다. 아침밥을 마치고 여동생과 함께 학교에 간다. 가는 길에 닭장 쪽을 보니, 암탉은 바쁜 듯이 몇번인가 흙을 파헤치며 모이 찾기에 여념이 없고, 수탉은 둥지 가장자리를 밟고, 목을 늘이고 가슴을 펴서 금방이라도 시각을 알리려는 자태이다.

제5 동물의 색과 모양

色(iro)
保護(hogo)
容易(youi)
都合(tsugou)
例(rei)
蝶(chyou)
菜(na)
根(kon)

　많은 동물을 주의하여 보면, 여러 가지 신기한 것이 있는 것을 알게 된다. 그 중에서도 재미있는 것은 어떤 동물의 몸색깔(體色)이 주위 사물의 색과 비슷하다는 것이다. 이런 몸색깔을 보호색(保護色)이라 한다. 보호색을 가지고 있으면, 주위의 색과 혼동되어 쉽게 다른 동물에게 발견되지 않는다. 따라서 적에게 공격받을 염려도 적고 또 이쪽에서 적을 공격 하는 데도 알맞은 것이다.

　보호색의 예는 얼마든지 있다. 논에 사는 개구리는 흙색, 나뭇잎에 머무는 청개구리는 녹색, 노랑나비는 유채꽃에 모이고, 하얀 나비는 무꽃에 모여든다. 사막 지방에 있는 낙타는 회색이고, 눈 속에 사는 북극곰은 새하얗다.

雷(rai)
枯(kare)
例(tato)

　보호색을 가지고 있는 것 중에는, 계절에 따라 주위 사물의 색이 변하면, 그에 따라서 같은 색으로 변하는 것도 있다. 북쪽에 사는 산토끼나 고산(高山) 지대에 있는 뇌조(雷鳥)는, 여름에는 갈색으로 마른 잎이나 흙색과 비슷하지만, 겨울이 되어 눈이 쌓이면, 새하얗게 된다. 또 계절에 따라서 바뀔 정도가 아니고, 언제라도 주위의 색갈이 바뀌면, 곧바로 그와 비슷한 색으로 변하는 것도 있다. 예를 들면, 청개구리는 녹색 잎의 위에 있을 때는 녹색이지만, 고목나무로 옮기면 고목과 비슷한 색이 된다.

姿(shi)

　보호색을 가지고 있는데다, 그 동물의 자세에 따라서 모양까지 주위의 사물과 비슷하게 보이는 것도 있다.

端(ha) 裏(ura) 掛(kaka)	뽕나무에 있는 자벌레는 그 색이 뽕나무와 닮았을 뿐만 아니라, 몸의 꼬리부분을 나무에 붙여서, 몸을 비스듬하게 내밀면, 그 모습이 뽕나무 작은 가지와 다를 게 없다. 지방에 따라서 이 벌레를 주전자깨기라 부르고 있는 것은, 농부들이 작은 가지로 잘못보고 질주전자를 걸다 떨어뜨려 깬다는 의미일 것이다. 또 오키나와에 사는 나뭇잎나비는, 그 날개 표면에는 아름답게 배색되어 있는데, 안쪽은 마른 잎 같아서, 날개를 접고 거꾸로 초목의 가지에 앉아있으면, 마치 마른 잎이 걸려있는 것처럼 보인다.

그러나 이보다 더욱 색깔이나 모양이 교묘하게 되어 있는 것은, 인도에 서식하는 사마귀 일종일 것이다. 이 벌레는 주로 난에 붙어 있다가 다른 벌레를 잡아먹는 것인데, 날개를 펼치고 있으면 그야말로 난 꽃과 같아서, 좀처럼 구별하기가 어렵다고 한다.

反(han)
鮮(azaya)
器(ki)
警戒(keikai)
峰(hachi)
臭(syu)

　또 어떤 동물은 보호색과는 반대로, 주변 사물과 혼동되지 않을 선명한 몸색깔을 하고 있다. 이들은 대개 다른 동물이 두려워하는 무기를 갖고 있든지 싫어하는 맛이나 냄새를 가지고 있는 것으로, 이에 다가가려는 것이 없으니까 쉽게 눈에 띄는 것이 오히려 안전한 것이다. 이런 종류의 색을 경계(警戒)색이라 한다. 예를 들면 독을 가지고 있는 벌의 몸색깔이 노랑과 검정의 가로 무늬가 얼룩덜룩하고, 고약한 맛이나 악취가 나는 나비의 날개는 아름다운 배색으로 되어 있는 것이다.

　동물의 모양이나 색이라도 주의하여 조사하여 보면, 이처럼 여러 가지 이상한 경우가 있다. 정말 흥미롭지 않는가!

제6 오대(五代)의 고심

病(ya)
福(huku)
修(osa)
志
(kokorozashi)
硏究
(kenkyuu)

　병색이 짙은 육십 정도의 노인이 이불 위에 일어나 앉아서, 십오륙 세 정도의 소년에게, 뭔가 열심히 들려주고 있다. 소년은 무릎에 양손을 얹고서 노인의 얼굴을 물끄러미 응시하며 듣고 있다.
　베갯머리에 놓여있는 등불은 희미하고, 닫혀져 있는 장지문의 찢어진 창호지를 가을바람이 펄럭펄럭 흔들어댄다.
　"지금까지도 가끔 이야기 한대로, 4대(代) 조상 간안(歡庵)님이, 국리민복(國利民福)의 근본은 농업을 융성함에 있다고 깨달으시어, 처음으로 농학(農學)을 공부하시고, 훌륭한 책도 쓰셨다. 그리고서 간안(元庵)님과 후마이켄(不昧軒)님의 2대에 걸쳐서 그 뜻을 이으셔서 더욱 연구를 정진하셨다.

寢(shin)
讀(yo)
政(sei)
終(tsui)

그러나 이 농학(農學)이라는 학문은 여러 가지 것을 실지(實地)와 학리(學理) 두 방면으로 조사해 가야만 하므로, 아직 3대에 걸쳐서도 전혀 손대지 못한 것이 적지 않았다. 그래서 이 아비도 어떻게든 이 학문을 대성하고자 40여 년간, 침식(寢食)을 잃고 그 방면의 책을 읽으며 각 지방의 실지를 조사하고 책도 저술하여, 할 수 있을 만큼은 노력한 셈이다. 그러나 생각만큼 일은 완성되지 않는데다, 정치적인 일로 가끔 상부에 보고했기 때문에, 관리에게 미움 받아, 결국에는 고향을 떠나야만 하게 되었다. 그러고서 여러 지방을 떠돌던 끝에, 저렇게 매일 문병하러 와 주는 문하생들에게 부탁받아서,

이곳의 동(銅) 제련법을 개량하거나, 새로운 광산
을 개척하기 위하여 이 산속으로 온 것이다. 그러
나 이 상태로는 나의 목숨은 도저히 일이 완성 될
때까지 지탱하지 못하리라 생각한다.”

　노인은 상당히 피곤한 듯하다. 소년은 쇠주전자
의 따뜻한 물을 따라서 노인에게 권했다. 노인은
한 모금 마시고 누웠다.

　조금 있다가 이번에는 누운 채로 띄엄띄엄 이야
기하기 시작했다.

　“간안(歡庵)님은 우리 사토(佐藤) 집안 농학의 근
본을 여시고, 간안(元庵)님은 주로 기후와 농업의
관계를 조사하셨는데,

할아버님인 후마이켄(不昧軒)님은 또한 지질(地質)
이나 광물(鑛物)분야에서 새로운 발견을 하셨다.
이렇게 여러 조상님이 저술하신 것은 대개 이곳에
가지고 있다.

精(sei) 進(shin)	그 책에 관해서는 나중에 다시 말해주겠지만, 대개 자신의 한 몸이나 한 집안만을 위해서가 아니라, 오로지 나라를 위하여, 백성을 위하여 진력하겠다는 생각은 어느 분이나 모두 마찬가지로, 이것이 사토(佐藤) 집안의 학문적 정신이다. 나도 이 정신에 근거하여, 주로 해산물이나 수리(水利)를 조사하여, 자세히 계획을 세운 적도 있는데, 여러 가지 사정이 있어서 실행할 수 없게 되어 버렸다.

旅(ryo) 別(waka)	이것은 정말로 유감스러운 일이다. 그러나 나의 40년의 고생은, 농학 발전을 위해서는 결코 무익하지 않았다고 생각한다. 　이 4대에 걸친 고생을 이어받아서 국가를 위하여, 이 학문을 대성하는 것이 너의 역할이다. 열여섯 살 된 네가 여비도 부족한 객지에서 부모와 헤어지면 분명히 울적할 것이고 또 힘들 때도 있겠지만, 아비의 이 소원만은 확실히 마음에 새겨두고, 꼭 이뤄 주길 바란다. 그러려면 내가 죽더라도 고향에 돌아오지 말고, 바로 에도로 가서, 훌륭한 학자를 선생님으로 모시고, 오로지 학문에 정진함이 좋을 것이다.

옛 성현도 "뜻 있는 자는 마침내 이룬다"고 말하고 있다."

눈에 눈물을 가득 머금은 채 듣고 있던 소년은 얼굴에 굳은 결심을 나타내고, 실행을 맹서했다. 아버지는 안도한 모습으로 이윽고 새근새근 잠들었다.

이것은 지금부터 130년쯤 전에 시모쓰케(下野) 지방(지금의 도치기栃木)현 아시오(足尾) 산중의 여인숙(旅人宿)에서 일어난 일로, 이 노인이야말로 데바(出羽) 지방의 의사인 사토 노부스에(佐藤信季), 소년은 그의 아들 노부히로(信淵)이다.

形(katachi)
葬(sou)
富(hu)
開(kai)

노부스에는 그 후 며칠 지나서 마침내 이 여인숙에서 죽었다. 노부히로는 아버지의 문하생들의 정성으로 간략한 장례를 치르자, 바로 에도로 가서 우다가와 겐즈이(宇多川玄隨), 오쓰키 겐타쿠(大槻玄澤) 등과 같은 사람들을 의지하여, 일심으로 서양 학문을 공부했다. 그리하여 끝내는 당대 제일의 농학의 대가가 되어, 국가를 위하여 부(富)의 근원을 개발한 일이 대단히 많았다.

간안(歡菴) 이래 대대로 힘을 쏟아온 농학은, 노부스에의 소원대로 노부히로에 이르러 대성했던 것이다.

제7 나이아가라 폭포

滝(taki) 境(kyou) 壯觀(soukan) 盛(mo) 波紋(hamon)	세계 제일이라는 나이아가라 폭포는 아메리카 합중국과 캐나다의 국경에 있습니다. 넓이가 사방으로 천수백 리나 되고, 바다와 같은 호수에서 흐르는 커다란 강이 엄청나게 큰 절벽을 넘쳐 떨어지기 때문에, 그 장관은 도저히 말이나 글로 다할 수 없습니다. 어마어마한 폭포 소리는 수많은 우레처럼, 대지도 흔들고 수백 보 떨어진 곳에서도 그릇에 담은 물이 파문을 일으킬 정도입니다. 　폭포는 떨어지는 곳에 있는 '고트 섬'이라는 작은 섬 때문에 둘로 나뉘어져 있습니다.

오른쪽에 있는 것이 아메리카 폭포, 왼쪽에 있는 것이 캐나다 폭포로, 이 둘을 합쳐서 나이아가라 폭포라 합니다. 폭포의 폭은 아메리카 폭포가 300여 미터, 캐나다 폭포가 900여 미터, 높이는 양쪽 다 45~48미터입니다.

폭포의 상류에 놓인 돌다리를 건너, 숲이 우거진 고트 섬에 가서, 자욱이 낀 물안개 사이로 가까이 폭포를 보는 것도 좋고, 하류로 돌아서, 캐나다 쪽에서 아스라이 전경을 내려다보는 것도 재미있다. 특히 유람선을 타고 머리부터 비 같은 물보라를 맞으며 용소를 구경하며 도는 것은 정말로 장쾌합니다.

遊覽(yuuran)

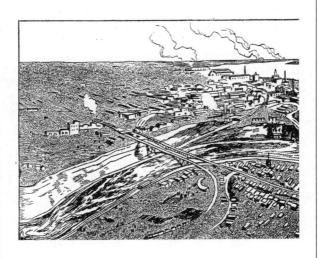

제8 신록의 산길

　　완만한 비탈을 다 오르자, 길은 낮은 봉우리로 이어져 있다. 평상시는 어슴푸레할 정도로 우거져 있는 양쪽의 나무숲도 아직 잎이 어려서, 밑에 돋아난 풀까지 보일 정도로 밝다. 여기저기의 나무그늘과 돌옆에는 자금우의 빨간 열매와 나란히 춘란의 봉우리가 부픈 것도 보인다. 촉촉이 습기를 띤 한줄기 길이 발 아래로 구불구불 이어져 이윽고 수풀 속으로 숨어 버린다.

　　"이제 금방이다"라고 생각하면서 발걸음을 서두른다. 나뭇가지를 쨍쨍 내리쬐고 있는 10시를 조금 지난 햇살이, 새싹의 색깔을 아래로 비춘 것인지, 손도 연녹색, 발도 연녹색, 허리띠도 옷도 모두 연녹색이다. 주위의 공기까지가 어쩐지 뿌옇게 흐려, 짐 보자기를 둘러맨 등이 홍건히 젖어 온다.

音(oto)	목표 지점인 큰 느티나무가 있는 곳까지 왔을 때, 갑자기 날카로운 소리를 내며 예쁜 작은 새 두세 마리가 경쾌하게 가지에서 가지로 날아갔다. 그러자 나무 구멍에서 다람쥐 한 마리가 천연덕스러운 얼굴을 내밀더니, 내 모습을 보자, 굵은 꼬리를 힐끗 보이고 급히 다시 구멍으로 숨어 버렸다. 길이 점점 오르막길인가 했더니, 계곡의 나뭇가지 너머로 멀리 호수가 언뜻언뜻 보이기 시작했다. 하늘은 끝도 없이 맑고, 군데군데 조각구름이 떠 있다. 산봉우리에서 기슭에 걸친 싱싱한 나뭇가지 색깔은, 강한 햇빛을 받아, 온통 불타고 있다. 길가 그루터기에 앉아서, 이마의 땀을 닦고 있으니, 산들산들 부는 바람을 따라서 새싹 냄새가 오싹오싹 몸에 스며든다.

옅은 붉은 단풍! 은회색의 졸참나무! 노란 빛을 띤 녹색 느티나무! 어느 나무를 봐도 반가웠다.

"이 비탈을 내려가 저 맑은 샘물 있는 곳까지 가면, 이시이 군의 집이 보일거야"라고, 요전에 왔을 때 일을 생각하면서, 때늦은 고사리 하나를 꺾어 다시 걷기 시작한다. 배가 아주 고파졌다. 벌써 점심때인가 보구나!

가까스로 맑은 샘물까지 와서, 손이 잘릴 듯이 차가운 물을 두세 모금 거푸 마시고 있자니, 크나큰 구렁이가 저쪽 물웅덩이를 넘실대더니 느릿느릿 풀 속으로 숨어버린다. 그것을 물끄러미 보고 있으니,

"어이! 가토군! 잘 왔네!"

라고, 말을 건 사람이 있다. 고개를 들어보니, 그것은 이시이 군이었다.

제9 두 장군의 악수

卒(sotsu)
正(sei)
精(zyou)
防(bou)
破(ha)
息(soku)

리에주 요새에 굳게 버티고 있는 벨기에의 용장 레만은, 부하 병졸들을 연신 격려하여, 엔미히 장군이 이끄는 독일 대군을 까딱도 하지 않고 용감히 방어하고 있었다. 하지만 유례없는 42센티미터의 대구경포의 위력 앞에서는, 정의의 신념과 애국하는 마음으로 죽음을 두려워하지 않는 벨기에군의 방어전도 결국엔 어찌할 수 없이, 요새는 완전히 파괴되고 병졸은 수없이 전사했다.

레만 장군도, 화약의 폭발에 의해 발생하는 가스 때문에 질식해 있는 것을, 독일 병에 발견되어 야전병원에 보내졌다.

握(aku)
歎(tan)

　후일 레만 장군이 포로로서 엔미히 장군 앞에 끌려나왔을 때, 엔미히 장군은 몸소 나아가 악수를 청하며, "각하의 방어전은 참으로 훌륭했소!"라며 감탄하는데,

譽(yo) 胸(mune) 劍(ken) 强(shi) 止(to)	레만 장군은 조용히, 　"칭찬받아서 부끄럽습니다. 그러나 부하들은 최후까지 벨기에의 명예를 손상하지 않은 셈이다" 라고 대답했다. 　이윽고 레만 장군은, 만감이 가슴에 교차하여 희미하게 떠는 손으로 대검을 풀어서 건네려 하는 것을, 엔미히 장군은, 　"아닙니다. 그럴 필요 없습니다. 각하의 검은 군인정신으로서 조금도 명예를 손상하지 않았소" 라고, 강하게 이를 제지했다. 　레만 장군의 눈에는 눈물이 고였다.

제10 해군병영의 회견

여순성(旅順城) 개문(開門) 약속 이뤄지고
적 장군 스텟셀과
노기 대장의 회견
장소는 어드메뇨 해군병영!

정원에 대추나무 한 그루
탄환 자국도 뚜렷하고
거의 무너진 민가에
이제 막 마주보는 두 장군!

師(shi)
彈丸(dangan)
屋(oku)

謝(sya) 備(bi) 正(tada) 目(boku)	노기 대장은 엄숙히 은혜 깊은 천황의 말씀 받들어 전하니 스텟셀 장군은 황송하여 삼가 받드네. 어제의 적은 오늘의 벗, 나누는 말도 툭 터놓고, 나는 칭송하네 그의 방어를! 그는 칭송하네 나의 무용을! 엄숙한 자세로 말을 꺼냈네! "이번 전투에 두 자식을 잃으신 장군님의 마음이 어떻겠는가?"라고 "내 두 자식이 각각 죽을 곳을 얻은 기쁨! 이야말로 무인집안의 명예"라고 대장의 대답에 힘 있더라!

厚(kou)
受領
(zyuryou)

두 장군 점심을 함께 하시고,
아직도 끝나지 않는 이야기.
"저에게 아끼는 명마가 있는데,
오늘을 기념하여 바치옵니다."

"감사한 후의가 넘치옵니다.
군 규정에 따라
후일 제가 받아서
오래 보살펴 돌보겠습니다."

"잘가시오"라는 정중한 악수에,
헤어져 가네 좌우로!
포성 멈춘 포대에
휘날리며 서 있네 일장기!

제11 사물의 가치

然(shika)
價(ka)

　식수에 구애되지 않는 지방에서는, 돈을 들여 물을 사는 따위는 생각도 할 수 없는 일이다. 하지만 식수를 얻기 어려운 곳에서는, '한 통에 얼마'라는 식으로 대가를 치루고 물을 산다. 같은 물건이라도, 마음 먹은 대로 얻을 수 있으면 값어치가 없고, 얻기 어려우면 값어치가 있다.

　얻기 어려운 물건이라도 유용치 않은 것은 값어치가 없다. 예를 들면, 여기에 하나의 돌이 있다고 하자. 그것이 아무리 귀하고 쉽게 얻을 수 없는 물건이라 하더라도 사용할 곳이 없으면, 아무도 이 돌을 사는 사람이 없을 것이고 따라서 값어치는 없다.

　이와 같이, 사물에 값어치가 있다는 것은, 그 물건이 사람을 위하여 유용할 것과 마음 먹은 대로 얻을 수 없기 때문이다.

또 여기에 한 마리의 말이 있는데, 이를 사고자 하는 다섯 사람이 있을 때는, 그 다섯 사람은 각기 그 말이 다른 사람의 손에 넘어가는 것을 염려하여 앞다투어 높은 가격을 매긴다. 이렇게 가격은 점차로 높아져서 말은 가장 높은 가격을 매긴 사람의 것이 된다.

이와 반대로, 같은 식으로 말 다섯 마리가 있고, 말 주인은 각자 다른 사람이며, 사려는 사람이 단 한 사람일 경우에는 다섯 사람의 말주인이 각자 자신의 말이 팔리지 않을 것을 염려하여, 앞다투어 가격을 내린다. 이렇게 가격은 점차 내려가 가장 가격을 낮춘 말 주인의 말이 팔리게 된다.

| 需要(zyuyou)
供給
(kyoukyuu) | 이와 같이 물건이 많고 이를 갖고자 하는 사람이 적으면 그 물건 값은 싸지고, 물건이 적고 이를 갖고자 하는 사람이 많으면 그 물건 값은 비싸진다. 즉 물건 값이 비싸고 싼 것은 주로 수요와 공급의 관계에 의한다. |

제12 동생이 형에게

형님에게

형! 어제로 우리 집의 모내기가 완전히 끝났어요. "금년만큼 물 사정이 좋았던 적은 없다."고 아버님이 기뻐하고 계십니다. 계속해서 내리던 그 비 덕분에 산에 있는 높은 논까지 단숨에 심을 수가 있었습니다.

그제 해군의 형이 휴가로 집에 오셨기에 이웃의 도움을 받아 여덟 사람이 모내기하여 요란스러웠습니다. 내가 모를 날라 드렸더니, "너도 확실하게 반 사람 몫을 하는구나"라고 어머니에게 칭찬받았습니다.

모내기가 끝나서, 어젯밤에는 도와주신 분들을 초청하여 대접했습니다. 그 때 아버지가 형님과, "세상에는 무엇이든 열심히 일하는 사람이 이긴다.

一昨日
(issakuzitsu)
昨夜(sakuya)

쌀이 생산되는 것도, 보리가 수확되는 것도, 흙이
라는 감사한 것이 각자가 고생한 것에 대해 상을
주시는 것이다. 온 집안이 건강하고 사이좋게 일
하는 것 만큼 행복한 일은 없다."라고 이야기를 나
누고 계셨어요.

　아버지는 오늘 아침에도, "곧 두물차도 따지 않
으면 안 된다. 그것이 끝나면 이어서 여름누에 올
리기다. 형들 몫도 내가 해야지!"라 하시며 매우
활기가 넘칩니다. 집안일은 모두 안심하십시오.

　여름방학도 가까워졌어요. 모두들 형의 귀향을
기다리고 있어요.

　　　　　　　　　　6월 10일
　　　　　　　　　　요키치

제13 노(老)사장

米(mai)	나는 오늘 학교에서 돌아오자 바로 아버지의 편지를 가지고 정미소(精米所)에 심부름을 다녀 왔습니다. 정미소에서는 몇 대나 되는 정미기계가 전력(電力)으로 힘차게 돌고, 너넷 명의 젊은 사람들이 쌀겨 투성이가 되어 일하고 있었습니다. 사장님은 꽤나 나이를 드신 분 같은데, 싱글벙글 웃고 있는 건강한 분입니다. 나는 왠지 훌륭한 듯한 사람이라고 생각했습니다. 　답장을 건네고 난 뒤에 아버지에게, 　"그 정미소의 사장님은 훌륭한 분이시죠?" 라고 하자, 아버지는 　"네 눈에도 그렇게 보였어?" 라고 말씀하시고는, 그분의 어릴 적부터의 이야기를 해 주셨습니다.

照(te) 貯(cho) 資(shi)	"그 사장님은 원래 교토지방 사람으로, 이곳으로 처음 고용살이 하러 온 것은 마치 너와 같은 열두 살 때였다고 한다. 주인집이 큰 간장가게였기 때문에, 처음에는 근처의 소매점에, 비가 오나 개이나 매일 매일 도매하러 걸어 돌아다녔다 하는데, 그 고통스러움은 도저히 너희들이 알 리가 없다. 십여 년이나 참아내어, 마침내 어엿한 지배인이 되고, 그리고나서 다시 오랫동안 충실하게 근무하여, 삼십 세 정도에 계속해서 모아 온 저금과 주인에게 받은 돈을 자본으로 하여, 자그마한 쌀가게를 시작했다.

繁昌
(hanzyou)
推(sui)

　　그런데 장사를 시작하자, 그 사람 정도라면이라는 신용은 있는데다 곁눈질도 하지 않고 일했기 때문에, 가게는 점점 번창하여 십년도 되지 않는 사이에, 마을에서도 굴지의 재산가가 되었다. 그리하여 사람들에게 추천받아 마을의 은행장이 되었다. 그것은 아버지가 열대여섯 살 때였을 것이다. 우리 할아버지는 그 사람과는 전부터 친구였기 때문에, 자주 그 이야기를 하시면서 대단히 칭찬하셨단다.”

　　“정말로 훌륭한 사람이군요!”

　　“아냐! 지금부터 할 이야기가 그 사람의 정말 훌륭한 점이야!”

　　아버지는 바로 말씀을 이어서,

擔(tan) 輕(karu)	"사장님이 은행장이 되고 나서 정확히 십년째 가을, 여러 가지 실책으로 은행이 파산할 수밖에 없게 되었다. 세상에는 이런 경우 가능한 자신의 부담을 가볍게 하려는 사람도 있는데, 그 사람은 반대로, 조금이라도 다른 사람의 부담을 가볍게 하려고, 자신의 재산을 남김없이 내놓았다. 그리하여 완전 무일푼이 되어서 일가족 세 사람이 동네 어귀의 셋집으로 옮기고 말았다. 하지만 사장님은 그것을 조금도 괴로워하지 않고, "괜찮아! 다시 한번 새출발하는 거죠."하며 웃고 있었다. 　사장님은 서둘러 짐수레를 한 대 빌려 와서 간장 소매를 시작했다. 마을 사람들은 이를 보다 못해,

空(aki)	"그런 일까지 하지 않으셔도!"라고 말하며, 자본을 대려는 사람도 있었지만, 사장님은, "자신의 힘으로 할 수 있는 데까지 해 보겠습니다."라고 말하며, 밤낮을 가리지 않고 일했다. 사람들의 동정을 받고 있고, 장사속은 충분히 터득하고 있었기 때문에, 매일 아침 내놓은 간장이 저녁에는 반드시 다 팔리는 형세! 게다가 그분의 일이었기 때문에 결코 서두르지 않고, 한 집 두 집 단골을 늘려가, 결국에는 큰길에 가게를 내게 되었다. 그리고 나서는 점점 사업을 확장시켜, 육십 오륙 세에는 이미 상당한 재산이 모아졌다.

會(a)	그리고 얼마 되지 않아 짬을 내어 정미소를 시작, 점점 키워서 그런 훌륭한 사업체를 만든 거다. 정말 그런 분은 드물 거야!" 라고 이야기 하셨습니다. 나는 오늘 그 훌륭한 사장님을 뵙고 왔다라고 생각하니, 왠지 기쁜 마음이 들었습니다.

제14 보리타작

束(taba)
莖(kuki)
穗(ho)
散(chi)

1

타다탁! 타다탁!

오늘은 날씨가 좋아서, 아침부터 보리타작하는 소리가 여기저기에서 들린다.

마사카즈의 집에서도, 집안 식구 세 사람이 마당에 설치한 타작기 앞에 서서, 보리를 치고 있다. 뒤에는 보리 다발이 산처럼 쌓여있다. 그것을 각자가 한 다발씩 잡고서는, 양손으로 밑둥을 쥐고, 타작기에 탁탁 때리면, 줄기 끝에 붙어 있는 이삭이 깔아놓은 멍석 위에 재미있게 흩어진다. 다발을 돌려서 다시 두드려 이삭이 남김없이 떨어져버리면, 다발을 멍석 저편에 휙 던지고, 다시 새 다발을 집어 든다. 뒤의 보리 다발 산더미가 점점 낮아짐에 따라서, 앞의 보릿짚 산더미가 금세 높아진다.

"마사카즈도 꽤나 도움을 줄 수 있게 되었구나!"

밀짚모자를 쓴 아버지가 돌아보시자, 어머니도 삿갓모자를 그쪽으로 향하고,

"정말 그렇군요. 덕분에 오늘 안으로는 대충 끝
날 것 같아요."
라고 말하며, 마사카즈를 보고 싱긋 웃었다.
　일은 남의 도움 없이, 집안 식구 세사람의 손으
로 척척 순조롭게 진행되어 간다. 어디선가 흥겨
운 노랫소리가 들려온다.

2

　마당에 깔아놓은 멍석 위에, 노란 보리 이삭이
온통 널려져 있어서, 눈부신 듯한 여름 햇살에 빛
나고 있다.

汗(ase) 續(tsuzu) 花(ka) 逃(nige)	마사카즈 집의 가족들에다 이웃 도우미도 함께 일곱여덟의 남여가 마주 바라보고 한쪽 발을 내밀고 서서, 구령을 맞춰가면서, '탁 탁' 하고 도리깨로 보리를 치고 있다. 보리 까끄라기가 날고 이삭이 튄다. 추켜올린 막대 끝이 강한 햇빛에 어른어른 빛난다. 빨간 멜빵을 맨 여자들이 예쁜 소리로 노래를 부르자, 익살스런 고헤이 할아버지가 가끔 이상한 장단 소리를 내어 모두를 웃겼다. 분가(分家)한 가나지 숙부님은 군대에서 돌아온 다부진 팔로 착착 내려친다. 남자도 여자도 이마의 땀을 먼지투성이인 팔로 훔치면서 요란스럽게 계속 타작한다. 해는 쨍쨍 내리쬐고 있다. 마당 구석에는 봉선화가 새빨갛게 피어 있다. 닭이 보리 흩어진 것을 먹으러 왔다가는 쫓겨 도망간다.

제15 군함 생활의 아침

橋(kyou)
直(choku)
銃(zyuu)
起床(kisyou)
傳令(denrei)

　동쪽 하늘이 밝아 오자, 지금까지 군항의 어두움에 쌓여 있던 군함의 장대한 모습이 점점 나타나기 시작한다. 함교(艦橋)에는 당직 장교의 모습이 보이고, 그 곁에는 망원경을 가진 수신호 병사가 먼 곳을 감시하고 있다. 뱃전의 출입구에는 손에 총을 든 보초병이 가까운 곳을 경계하고 있다. 천 수백 명의 승조원은, 아직도 편하게 계속 잠을 자고 있다. 함내(艦內)는 깊은 산처럼 조용하다.

　사람 얼굴을 겨우 알아볼 수 있게 될 무렵, 불침번이 후다닥 함교 밑에 와서, "전원 기상 5분전"하고 당직 장교에게 보고한다. 군함의 기상시간은, 여름에는 5시, 겨울에는 6시이다. 이어서 갑판 사관이나 전령이 기상한다. 부함장도 벌써 상갑판에 나타나 오늘의 날씨는 어떨 것인지 하늘을 바라본다.

破(yabu) 床(toko)	이윽고 오전 5시 종이 울리자, 당직 장교가 힘찬 소리로 호령을 한다. "전원기상!" 이 호령으로, 아침의 고요함이 곧바로 깨지고, 기상나팔은 힘차게 울리고, 전령은 호적(號笛)을 불면서, "전원기상!"이라며, 그물침대사이를 빠져간다. 그러자 승조원은 일제히 차고 일어나, 재빨리 그물침대를 빠져나간다. 이제부터는 호령이 비처럼 쏟아진다. 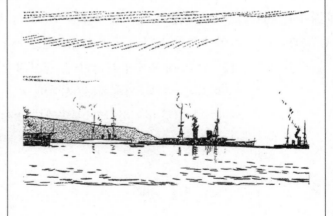

定(tei)
規律(kiritsu)

그에 따라서 그물침대는 가지런하게 일정한 곳에 수납되고 모든 창이나 출입구는 열린다. 이런 일들은 육지의 집에서, 매일 아침 일어나면 먼저 이불을 정리하고, 덧문을 여는 것과 다르지 않은데, 천수 백 명의 승조원이 호령에 따라서 규칙 바르게 활동하는 그 모습은 정말로 놀랍다. 수 분 사이에 함정 안은 완전히 정돈된다.

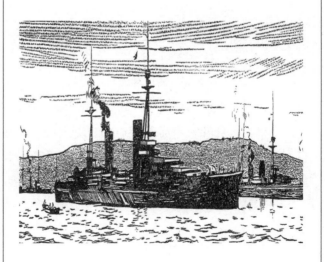

休(kyuu) 特(toku)	여기서 5분간의 휴식이 있고, 노천갑판 청소를 한다. 이것은 수병의 당연한 일로, 먼저 　"양현직정렬" 의 나팔이 한층 높게 울려퍼지자, 맨발인 채로 수병이 뒷갑판으로 뛰어 모여서, 길게 정렬한다. '양현직'이란 것은, 특별한 임무가 있는 자를 제외한 다른 수병을 말한다. 곧바로 당직 장교가 기세 좋은 호령이 울린다. 　"노천갑판 세척!" 　수병은 거미새끼를 흩트리는 것처럼 사방팔방으로 흩어져, 바지런히 바지와 소매를 걷어붙이고 가벼운 자세로 분대(分隊)별 갑판세척을 시작한다. 갑판세척은 참으로 힘차고 재미있는 일이다. 하사관(下士官)이 갑판의 토수구(吐水口)에서 뿜어 나오는 바닷물을 물통에 떠서는 계속 쏟아 붓자,

煙草(tabako)	세척브러시를 든 수십 명의 수병이, 갑판을 문지르면서 머리를 나란히 하고 나아간다. 그 모습은 마치 비온 뒤의 개구리가 떼 지어 뛰고 있는 것 같다. 　갑판 세척이 끝나자, 　"세수!", "담배 꽉 꺼내!" 의 호령이 떨어진다. 비로소 여기서 승조원은 세수를 한다. 그러는 중에 상륙(上陸)한 승조원이 귀함(歸艦)한다. 여기저기에서 아침인사를 나눈다. 

尾(bi) 旗(ki) 衛(ei) 敬(kei)	불을 붙이는 담배 상자 주위에는 사람들이 떼로 모여서 여러 가지 이야기가 나온다. 웃음소리도 나온다. 곧 이어서 식사나팔이 울린다. 한 시간 남 짓이나 활동한 뒤라서 식사가 맛있는 것은 말 할 필요도 없다. 오전 8시가 되자, 함미의 깃봉에 군함기(軍艦旗)가 계양된다. 이때 수신호병은 '기미가요(君が代)' 나팔을 불고, 의장대는 받들어총 경례를 하고, 함장을 비롯하여 승조원 일동은 모두 자세를 가다듬고 군함기에 경례한다. 아침 태양에 빛나는 군함기가 바닷바람에 휘날리며, 천천히 올라가는 모양은 실로 엄숙한 것이다. 군함기를 우러러 마음 속까지 맑아진 승조원들은 이제부터 훈련에 임할 것이다.

제16 도쿄에서 아오모리까지

驛(eki)
紅葉(momizi)
泉(sen)

　오후 6시, 숙부님과 함께 우에노(上野)역에서 아오모리(青森)행 열차를 탔다. 상당히 붐볐지만 모두가 서로 양보해 주었기 때문에, 두 사람 다 앉을 수 있었다. 기차가 나아감에 따라서, 간토(關東)평야는 점점 야경으로 바뀌어, 낯익은 곳도 흥미롭게 느껴졌다.

　"우쓰노미야(宇都宮)!"라고 외치는 역무원의 소리에, 언젠가 어머니와 닛코(日光)를 구경하러 왔을 때의 일이 생각났다. 아직 해가 막 진 것처럼 생각했는데, 벌써 8시 반이었다. 이윽고 '니시나스노(西那須野)'에 도착했다. 숙부님이,

　"이 주변이 유명한 나스노(那須野)들판이야! 옛날에는 온통 황무지였는데, 지금은 여기저기에 거리나 마을이 생겼다. 단풍과 온천으로 유명한 시오바라(塩原)에 갈려면 여기서 내려야 한다."

果(hate)
過(ka)

라고 말씀하셨다. 나는 졸렸기 때문에, 곧 잠들어
버렸다.

　잠이 깨자, 벌써 날이 밝고, 기차는 끝없이 이어
져 있는 푸른 논 가운데를 달리고 있었다.

　"숙부님! 여기는 어디에요?"

하고 묻자,

　"센다이(仙台)는 벌써 지나고 좀 있으면 이치노
세키(一関)야! 푹잤구나!"

라고 하셨다. 창으로 불어오는 아침바람이 차가운
것은 상당히 북쪽으로 올라왔기 때문일 것이다.
세수를 하고 와서, 비스킷을 먹으며 내가 잠자는
사이에 통과한 역들의 이야기를 여쭤 봤다.

街(kai)	"시라카와(白河)를 지난 것은 어젯밤 11시 전이었다. 옛날 노인(能因)이라는 사람이, 「도읍을 안개와 함께 세웠는데, 　가을바람 부누나! 시라카와 관문」 이라고 읊은 것은 이곳을 두고 말한 것으로, 이 관문은 하마(濱)가도(街道)의 나코소(勿来) 관문과 함께 유명한 곳이었다." 　숙부님은 계속 말씀을 이어서, 　"센다이에 도착한 것은 새벽 3시로, 얼마간의 사람이 오르내렸다. 센다이는 도호쿠(東北)지방 제1의 도시로, 대학도 고등학교도 있다. 옛날에는 대나무와 참새의 문장(紋章)으로 유명한 센다이 영주님이 다스리는 성곽도시였다."

辨(ben)	"마쓰시마(松島)는요?" "센다이에서 세 번째 역인 마쓰시마역에서 내린 다. 돌아갈 때 구경하고 가자!" 이치노세키(一関)에서 도시락을 샀다. 다음 히 라이즈미(平泉)라는 역을 출발하여 곧 숙부님은 왼쪽 가까이에 보이는 산을 가리키며, "저 위에 유명한 곤지키도(金色堂)가 있다. 히카 리도(光堂)라고도 하며, 옛날에는 금색으로 찬란하 게 빛났다 한다. 800년 전의 건물로, 지금도 사야 도(鞘堂) 안에 그대로 보존되어 있다.

傳(tsuta)

요시쓰네(義経)가 살았던 높은 저택(高館)이 있었던 자리도 오른쪽에 보였을 터인데, 이미 통과해버렸다. 벤케이(辨慶)가 오도 가도 못하고 죽었다고 전해지고 있는 고로모가와(衣川) 강은 바로 이 다음에 있다."

라고 말씀하셨다. 그 사이에 기차는 산 사이를 나와, 큰 강이 보이는 곳으로 나왔다.

"저것이 기타카미가와(北上川) 강이다. 기차는 이 부근부터 저 강을 따라서 북으로 북으로 달리는 거다."

라고 가르쳐 주셨다.

오전 8시에 모리오카(盛岡)에 도착했다. 정거장에 들어가기 직전에 다시 기타카미가와 강을 보았는데, 여기까지 오니 강폭이 상당히 좁아져 있다.

기차가 모리오카를 출발하여 조금 가니, 멀리 왼쪽으로 보이는 멋있는 산을 가리키며,

"저것은 이와테야마(岩手山) 산이다. 남부 후지(富士)라 일컬어지는 만큼, 조금 모양이 닮았구나! 저 산기슭에 유명한 고이와이(小岩井)농장이 있단다."

라고 말씀하셨다.

越(ko) 境(sakai) 原(gen) 沼(numa) 帆(ho)	기차는 들을 지나고 산을 넘어서 달린다. 기타카미가와(北上川) 강은 아직 언뜻 언뜻 보이는데, 점점 좁아져서, 마침내 골짜기를 흐르는 냇물이 되고 말았다. 산에 있는 밭에 피농사를 짖는 것도 신기하고, 골짜기에 하얀 산나리 꽃이 드문드문 보이는 것도 흥미롭다. 리쿠추(陸中)⁷⁾와 무쓰(陸奧)⁸⁾의 경계에 있는 몇 개인가의 터널을 빠져나오자, 점점 광활한 평원이 펼쳐진다. 이 부근부터 노헤지(野辺地) 근처까지의 사이에는, 군데군데 방목해서 키우는 말이 떼 지어 있는 것이 보였다. 흑색, 백색, 갈색의 크고 작은 각가지 말이 숲의 그늘이나 늪가를 씩씩하게 뛰어다니고 있는 모습은 실로 용맹스럽다.

---

7) 옛지방의 이름. 지금의 이와테(岩手)현의 대부분과 아키타(秋田)현의 일부분
8) 옛지방의 이름. 지금의 아오모리(青森)현의 전부와 이와테(岩手)현의 북부

浴(yoku)	노헤지에서 비로서 바다가 보였다. 푸르디푸른 파도 위에 점점이 하얀 돛이 떠있는 것은, 들이나 산만 보아온 눈에는 유난히 기뻤다. 　"바다 건너 멀리 보이는 것이 시모키타(下北)반도이다." 라고, 숙부님이 말씀하셨다. 　아사무시(浅蟲) 가까이에 가자, 기차가 해안을 달렸기 때문에, 무쓰(陸奥)만의 풍광이 손에 잡힐 듯이 보였다. 멀리는 희미하게 쓰가루(津輕) 반도가 가로놓이고, 가까이에는 멋들어진 섬들도 있어서 대단히 경치가 좋은 곳이었다. 숙부님의 말씀에 의하면, 아사무시는 유명한 온천지이고 해수욕도 할 수 있다 한다.

오후 2시 20분, 기차는 아오모리에 도착했다. 홋카이도(北海道)로 건너갈 사람은, 정거장에 이어진 승선장에서 기선을 타는 것이다. 나는 숙부님을 따라 숙소에 도착했다. 숙부님이,

"도쿄에서 이곳까지는 1,824킬로미터나 되는데, 이렇게 쉽게 와 보니, 그렇게 먼 곳에 온 것 같은 생각이 들지 않구나!"

라고 말씀하셨다.

제17 감자 캐기

5교시 수업이 끝나자, 선생님은 싱글벙글하시면서,

"오늘은 지금부터 감자 캐기를 합시다. 모두 평상시와 같이, 여기서 준비를 하고 학교농원으로 모이세요."

라고 말씀하셨다. 이야말로 우리들이 일주일이나 전부터 매일 매일 기다리고 있던 말씀이셨기 때문에, 모두 일제히 덩실거리며 기뻐했다. 그리하여 급히 서둘러서 학용품을 가방에 넣고, 각자 가벼운 차림으로 교사(校舍) 뒤의 농원으로 모였다. 시들기 시작하여 온통 노랗게 된 감자밭을, 오후의 태양이 쨍쨍 내리쬐고 있다.

당번이 농기구 창고에서 괭이, 삽 등 여러 가지 도구를 꺼내어 왔다. 선생님도 큰 상자를 가져 와서, 캔 감자는 이 안에 넣으라고 말씀하셨다.

모두들 일제히 캐기 시작한다. 나는 비교적 굵직한 줄기 하나를 쥐고 힘껏 잡아당겼다. 부드럽고 검은 흙이 불쑥 불쑥 떠오른가 싶더니, 사방으로 흩어진다. 안에서 싱싱하고 옅은 갈색 감자가 염주처럼 엮이어 주렁주렁 나왔다. 어른 주먹만큼이나 큰 것도 있는가하면 참새 알정도의 귀여운 것도 있는데, 어느 것이나 모두 비단 같은 얇은 껍질이 터질듯이 열매가 잘 들었다. 옆에서는 줄기가 썩어서 잡아끌 수 없는 것을 호시노(星野) 군이 끈기 있게 파서, 캔 감자를 하나하나 정성스레 정리해 간다.

여기서나 저기서나 놀라는 소리, 감탄하는 소리, 기쁜 듯한 소리가 터져 나온다.

문득 정신차려 보니, 교장선생님과 야마다(山田) 선생님이 상자 옆에 오셔서, 재미있는 듯이 우리들의 작업을 보고 계셨다.

제18 이시야스(石安) 공장

	1
	굵은 붓글씨로 이시야스(石安)공장이라고,
	작은 지붕에 올린 간판이
	왕래하는 사람들의 눈에 띄어서,
	야스(安) 할아버지를 알든 모르든,
	"아! 저 모퉁이 석수장이 집?"이라며
往(ou)	누구나 끄덕이는 공장이 있네!
刻(kizamu)	
文字(mozi)	
常(tsune)	**2**
	돌비석을 새기고 문자를 파는
	망치 소리만이 시끄러운
	넓디넓은 공장 한 구석에,
	야스(安) 할아버지 몸을 웅크리고,
	언제나 뭔가를 새기고 있네!
	안경을 끼고 핫피9)를 입고.

---

9) はっぴ(法被). 직공 등이 입는 상호(商號) 따위를 등에 박은 짧은 위의 겉옷.

飾(kaza) 怠(okota)	**3** 가게에 장식된 석등롱(石燈籠), 머리가 긴 복록수(福祿壽), 배가 불룩한 포대화상(布袋和尙), 모란꽃에 빠져있는 사자상도, 구슬을 입에 문 해태상(狛犬)도, 모두 할아버지 정의 결정체. **4** 금년에 육십 고개를 넘은 할아버지 발 아래, 크나큰 돌 눕혀 놓고, 여전히 게으름피우지 않고 꾸준하게 뭔가를 끊임없이 새기고 있네! 안경을 끼고 핫피를 입고.

5

"이번엔 뭐예요? 할아버지!"

"비사문천(毘沙門天)[10])을 새길 거야!"

"언제까지 만들 수 있어요?"

"내년 봄까지는 걸리겠지?"

"내년 봄까지나?"하고 놀라면,

"내년 봄까지는!"하고 되풀이한다.

6

오늘 아침엔 소풍가려 일찍 일어나,

석수장이 집 앞을 지나가는데,

넓디 넓은 공장에 달랑 혼자서,

야스 할아버지는 열심히

비사문천을 새기고 있네!

안경을 끼고 핫피를 입고.

---

10) 사천왕(四天王)의 하나. 다문천(多聞天)

제19 별 이야기

飯(han)
寶(宝)(hou)
說(setsu)
位置(ichi)
變(kawa)

신키치(信吉)의 집에서는 저녁 식사 후, 마당에 평상을 내놓고 온 집안 식구가 모여서 시원한 바람을 쐬고 있다. 달은 아직 뜨지 않았지만 하늘이 맑게 개어서, 가득한 별은 보석을 뿌린 듯하다.

신키치는 여름방학으로 집에 와 있는 형을 향해, 별에 대해 여러 가지 설명해 달라고 했다.

"형! 하늘에는 저렇게 많은 별이 보이는데, 조금도 움직이지 않는 건가요?"

"그래! 움직이지 않는 거야. 그러나 지구가 돌기 때문에, 우리들의 눈에는 움직이는 것처럼 보인다. 어느 별인가를 정하고 기억해 둬라! 잠잘 무렵에는 벌써 위치가 변해 보일 테니까!"

當(ate)
變(hen)

"그렇지만 항해를 하는 사람 등이 자주 별을 보고 배의 위치를 추정한다지 않습니까? 별이 그렇게 위치가 바뀌는 것이라면, 기준이 안 되겠지요?"

"아냐! 몇 월 며칠의 몇 시에는 어디에 무슨 별이 보인다는 것을 학문적으로는 알고 있으니까, 측정할 수 없는 것은 아니지! 게다가 많은 별 중에 하나만은 일 년 내내 위치가 거의 변하지 않는 것이 있으니까, 기준으로는 정말로 적합한 별이야!"

"그것은 무슨 별입니까?"

"북극성(北極星)이라는 별이다."

"하지만 저렇게 별이 많은 걸요! 그걸 찾는다는 것은 힘들겠죠?"

群(gun) 線(sen)	"거기에는 또 알맞은 것이 있단다. 뭔가 하면, 북두칠성(北斗七星)이라는 한 무리의 별이 있어서, 언제라도 북극성의 위치를 알려주는 거야. 저것 봐라! 맞은편 삼나무 숲의 위에, 국자 같은 모양으로, 일곱 개의 별이 늘어서 있는 것이 보이지?" "응! 보이네요." "저것이 북두칠성이란다. 저 손잡이 반대쪽 끝에 있는 두 개의 별을 이어서, 그 선을 국자의 입이 향하고 있는 쪽으로 이어가면, 방금 연결한 두 별의 거리의 다섯 배쯤의 곳에 대단히 큰 별이 있을 거야!

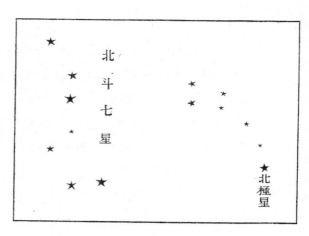

저것이 지금 이야기 한 북극성이야! 북두칠성은
언제나 저렇게 국자 모양을 하고 있고, 북극성과
의 관계도 언제나 변하지 않으니까, 저 별을 기준
으로 하여, 바로 북극성을 찾을 수가 있다."

迷(mayo)
熊(kuma)
想像(souzou)

"아! 저 제일 높은 삼나무 바로 위에 있는 것이 북극성이죠?"

"그렇다. 게다가 저 별은 항상 정확하게 북쪽에 있으니까, 저 별을 찾기만 하면, 길을 헤매거나 할 때에도 바로 방향을 알 수가 있다."

신키치는 감탄하여, 열심히 하늘을 우러러보더니, 놀란 듯이 소리내어,

"형! 형! 저 북극성이 국자 손잡이 끝이 되고, 하나 더 작은 북두칠성 같은 것이 생겼네요!"

"아! 잘도 알아차렸구나! 나열방식이 똑같이 닮았지? 서양에서는 예로부터 저 일곱 개의 별과 그 근처의 별을 하나로 하여 작은 곰의 형상을 상상하고,

座(za) 傍(soba) 姉(ane)	북두칠성과 그 근처의 별을 하나로 하여 큰곰의 모양을 상상하여, 각각 작은곰자리와 큰곰자리란 이름을 붙였단다. 작은곰자리와 큰곰자리에 대해서 재미있는 옛날이야기가 있을 터이니, 누나에게 여쭤 보렴." 　신키치는 곁에 있는 누나를 향해서, 　"누나! 어서 그 이야기를 들려 주세요." 라고 부탁했다. 　"나도 꽤 오래 전에 읽었으므로, 자세한 것은 기억하고 있지 않는데 말이지. 옛날에 카리스트라는 어머니와 아르카스라는 아이가 있었단다. 어머니 카리스트는 대단히 예쁜 사람이었기 때문에,

狩人 (karyuudo) 變(kae)	주노[11]라는 신이 이를 질투하여 마침내 카리스트를 곰으로 변하게 해 버렸단다. 그러는 사이 아들 아르카스는 점점 성장하여 사냥꾼이 되었는데, 어느 날 큰곰을 발견하고서는, 이를 쏘아 죽이려고 했었단다. 이 큰곰이야말로 이전에 주노 신이 모습을 바꿔버린 어머니 카리스트였지만, 아르카스는 그것을 몰랐었기 때문에, 하마터면 육친인 어머니를 쏘아 죽일 뻔했단다. 그러나 은혜가 깊으신 주피터라는 신이 그것을 보시고, "아! 가련하구나! 저 아르카스에게 부모살해의 대죄를 범하게 할 수는 없다."고 곧바로 모자(母子)를 하늘로 데리고 가서, 큰곰자리와 작은곰자리로 하셨단다."

---

11) 로마신화의 주피터의 처. 최고의 여신. 여성과 결혼생활의 보호자. 그리스 신화의 헤라와 동일시되었다.

"아! 참 재미있었다. 어라! 북두칠성이 반쯤 삼나무 숲에 숨어 버렸다. 형! 역시 형이 말씀하신 대로, 별의 위치는 변하는군요. 오늘밤 나는 여러 가지를 깨닫게 되어 정말로 기뻤어요."

신키치는 형과 누나에게 감사하고, 즐겁게 그날 밤의 꿈속에 빠졌다.

제20 백마(白馬)산

登(to) 脈(myaku) 頂(chou)	형님의 친구이신 오카다(岡田) 씨가 여행에서 돌아오셨다고 해서, 오늘 형과 둘이서 놀러 갔었습니다. 마침 오카다씨는 네댓 사람의 친구들에게, 백마산 등반 이야기를 하고 계시던 참이었습니다. 　백마산이 히다(飛驒)산맥 중의 유명한 산이라는 것은 알고 있었습니다만, 자세한 것은 오늘 처음 들었습니다. 그중에서도 흥미로웠던 것은 대설계(大雪溪)12)에 대한 이야기입니다. 　"설계(雪溪)는 계곡을 메운 눈 고개로, 산기슭의 마을에서 삼십리 정도 오른 곳에서 시작되어, 정상(頂上) 부근까지 이어져 있습니다.

---

12) 눈이 연중 녹지 않고 있는 높고 큰 산골짜기

霧(giri)
散(san)
付(tsu)

폭은 약 이삼백 미터, 길이는 거의 십리로, 가도 가도 새하얗습니다. 구름이나 안개가 솟아나는가 하면 흩어지고, 흩어졌는가 하면 다시 솟아나서, 때로는 한 치 앞도 보이지 않을 때가 있습니다. 등산객은 설피를 신고, 뾰족한 쇠가 달린 나무지팡이나 쇠갈고리에 의지하여, 이 고개를 오르는 것입니다.

한여름 낮 시간일지라도, 지팡이를 쥐고 있는 손
등은, 어느새 차가와져 버립니다. 하산(下山) 할 때
에는, 걸치고 있는 자리 등을 썰매삼아, 이 눈 계
곡을 미끄러져 내려오는 사람이 있습니다. 나도
그대로 해 봤는데, 급한 경사를 화살처럼 빨리 미
끄러지니까, 정말로 상쾌했습니다."

乱(mida)	이야기를 듣고, 나도 미끄럼을 타보고 싶어졌습니다. 그리고 꽃밭의 이야기도 재미있었습니다. "꽃밭은 눈계곡을 다 올라가면 있습니다. 눈계곡이 겨울 세계라면, 이곳은 봄 나라이겠죠! 여러 가지 희귀한 고산식물이 빨갛고 노랗고 보라색으로 흐드러지게 피어, 뭐라 형용할 수 없는 아름다움입니다. 그 뇌조(雷鳥)라는 진귀한 새도 이 근방에서 정상에 오르는 도중의 눈잣나무 사이에 있는 것입니다." 라고 말하며, 오카다 씨는 고산식물이나 뇌조의 그림엽서를 많이 꺼내어 보여주셨습니다. 

雄(yuu) 眼(gan) 白(haku) 連(tsura) 競(kiso)	화제가 정상의 풍경으로 바뀌자, 드디어 신바람이 나서, 오카다씨는 눈앞에 보는 듯한 모습으로 설명하셔서, 우리들도 어느 틈엔가 산 위에 있는 듯한 기분으로 들었습니다. "산 정상에 서서 사방을 바라본 경치는 정말로 웅대합니다. 안개 아래로 희미하게 보이는 엣추(越中)13)의 평야, 일본해(日本海)의 파도 위로 아득히 떠있는 노토(能登)14)반도, 눈앞에는 샤쿠시다케(杓子岳), 야리가다케(鑓岳)가 우뚝 솟아있고, 멀리는 야리가다케(槍岳), 호타카다케(穂高岳), 노리쿠라가다케(乗鞍岳), 쓰루기다케(劒岳), 다테야마(立山), 하쿠잔(白山) 등, 어느 것이나 뒤지지 않는 높은 산이 남쪽에서 서쪽으로 이어져, 서로가 웅장한 모습을 다투고 있습니다.

---

13) 옛지방의 이름. 지금의 도야마(富山)현
14) 옛지방의 이름. 지금의 이시가와(石川)현 북쪽지방

아사마산(浅間山)은 안개를 드리우며 동남쪽 하늘 저 멀리 아득히 솟아있고, 도가쿠시(戸隠) 연산(連山)은 동북쪽으로, 부르면 대답할 듯이 가깝게 솟아있습니다. 후지산(富士山)도 맑은 날에는 하얀 구름 위로 희미하게 보이는 적이 있답니다."

　재미있는 이야기가 아직 많이 있을 것 같았습니다만, 벌써 저녁 무렵이 되어 우리들은 작별인사를 하고 돌아왔습니다.

제21 초가을

熟(zyuku)
延(no)
誠(makoto)
隣(tonari)

구름 한 점 없이 쾌청한 날씨!

어머니와 가지를 따러 나온 김에, 호박밭을 돌아보니, 요전에 아직 좀 이르다고 해서 남겨놓았던 호박이, 오늘은 이제 완전히 익은 듯한 얼굴을 하고, 꼭지를 햇볕에 드러 내놓고 있다.

건너편 밭에는 고구마를 경작하고 있다. 검은 빛을 띤 보라색 줄기가 왕성하게 뻗어서, 큰 잎이 흔들흔들 바람에 움직이는 모습은 정말로 기분이 좋다. 그 옆 밭에 생강이 뿌리의 빨간 윗부분을 조금 흙 위로 드러내어, 질서 있게 줄지어 있는 것도 아름답다.

어젯밤 비가 내린 탓인지, 하늘이 맑게 개이고, 건너편의 텐진산(天神山)이 가까이 보인다. 산기슭 쪽에 군데군데 하얀 것은 메밀꽃이겠지!

込(ko) 甘(ama)	니햐쿠토카(二百十日)¹⁵⁾를 무사히 넘긴 논에는 벼 이삭 끝이 벌써 상당히 무게감을 보이고 있다. 　논 가운데　부근을 흐르고 있는 작은 내는 여느 때보다 물이 많다. 개구리가 팔딱팔딱 뛰어들더니 스윽 헤엄쳐 간다. 이윽고 벗풀 줄기나 미나리 잎에 붙어서 뒷다리를 쭉 뻗고, 새파란 하늘을 말끄러미 바라보고 있다. 소쿠리를 든 어린이들이 냇물 아래쪽에 모여 떠들썩하고 있는 것은 붕어나 미꾸라지를 잡는 모양이다. 하늘에는 수많은 고추 잠자리가 날고 있다. 집 쪽을 돌아보니 우물가의 감나무에 감이 주렁주렁 열려있는 것이 눈에 띈다. 올해는 과일이 많이 열리는 해인 것이다. 아직 푸르지만 곧 단맛이 들 테니까, 머지않아 먹을 수 있다. 　오후에는 남동생과 텐진산에 버섯을 따러간다.

15) 입춘(立春)에서 210일째 되는 날(9월 1일 경으로, 이 날을 전후해서 태풍이 부는 일이 많음).

제22 애마 북풍호(北風號)

　　명마 북풍호는 키가 다섯 자 두 치(약 173cm)나
되는 흑마로, 털은 옻칠 한 것 같이 반들반들 윤이
나서 보기에도 강할 것 같은 군마(軍馬)이다. 북풍
의 주인은 젊은 기병(騎兵) 중위로, 북풍호를 대단
히 애지중지해서, 마치 자기 자식 같이 소중히 하
고 있었다. 어느 해 전쟁이 시작되어, 북풍도 다른
군마처럼, 주인을 따라서 전쟁터로 향했다.

　　전쟁터에서는 여러 가지 고통스러운 일도 있었
지만, 전장(戰場)을 뛰어다니는 것은 북풍에게 있
어서 유쾌한 일이었다. 나팔 소리나 대포 소리에,
북풍의 마음은 일단 투지가 샘솟는다. 이윽고 "진
격"의 호령(號令)이 내리면, 매우 경쾌하게 오로지
일심으로 내닫는다. 전장의 광경은 실로 두려운
것이었지만, 북풍은 자신이 믿고 있는 중위가 타
고 있었기 때문에, 포탄이 비 오듯 쏟아지는 속에
서도, 총검이 난무한 중에도,

꿈쩍도 않고 용맹스럽게 활동했다.

그러나 마침내 두려운 날이 왔다. 어느 날 아침의 일이었다. 동쪽하늘이 으슴푸레 밝아질 무렵, 북풍은 다른 군마와 함께 야영 텐트 앞에 정열 하여 늘어섰다. 병사들은 제각각 말 옆에 서서, 이제나 저제나 명령이 떨어지기만을 기다리고 있었다. 달이 서쪽하늘에 희끄무레하게 남아있고, 들에는 아침이슬이 촉촉이 내려있다.

점점 날이 밝아져왔다. 중위의 굳게 다문 입과 날카로운 눈빛, 그 모습이 아무래도 범상치 않다. 영리한 북풍은 바로 그것을 알아챘다. 드디어 주위의 정적을 깨고 대포소리가 울리기 시작했다. 중위는 훌쩍 북풍에 올라타서, 흐트러져 있던 갈기를 가지런히 세우고, 목덜미를 가볍게 다독이면서,

"어이! 북풍! 오늘은 상당히 느낌이 좋아! 잘 부
탁해!"
라고, 마치 사람에게 말하듯이 했다. 북풍은 주인
의 손이 이렇게 목덜미를 어루만지는 것을 무엇보
다 좋아했기 때문에 즐거워서 자신 만만하게 머리
를 높이 쳐들었다. 마침내 중위는 힐끗 손목시계
를 보고, 평상시처럼 맑은 소리로 호령을 내렸다.

"승마(乘馬)"

병사들은 일제히 말위에 올라탔다. 말들은 모두 힘이 넘쳐서, 재갈을 물거나 발질을 하기도하고 머리를 쳐올리면서 기병(騎兵)의 신호가 떨어지기를 애타게 기다리고 있었다. 몇 분 뒤에 북풍은 벌써 대열의 선두에 서서 전진하고 있었다.

그날의 전투는 정말로 전례 없이 극렬했었다.

그중에서도 가장 눈부셨던 것은 최후의 습격! 계곡 하나를 사이에 두고 건너편 언덕에 적의 포병이 대포를 배치하고 있다. 아군은 그 정면에서 한 일자(一字) 대형으로 진군해간다. 적탄은 전후좌우로 비 오듯이 떨어진다. 그렇지만 어느 한 사람도 적에게 등을 보이는 자는 없다. 이윽고 뭉게뭉게 오르는 하얀 연기 사이로, 괴수(怪獸) 같은 대포와 그 주변에 모여 있는 사람모습이 보이기 시작한다. 포구(砲口)는 번갈아가면서 번개 같은 포화(砲火)를 내뿜고는 귀도 찢어질듯이 포성을 울리고 있다. 사람은 점점 용감해지고 말은 더욱 날뛴다.

중위는 시종 선두에 서서 진군했는데, 적진(敵陣)이 바로 눈앞인 것을 보고, 한층 군도(軍刀)를 높이 휘두르면서, 여느 때와 같은 시원시원한 목소리로,

"자! 이제 조금이면 된다. 돌격하라. 돌격!"
라고 소리쳤다. 마침 그때 적의 포탄이 가까이에
서 터져, 그 파편이 '퓨웅' 하고 북풍의 갈기를 스
쳤다. 북풍은 주인의 몸이 안장 위에서 기우뚱하
고 흔들리는 것을 느꼈다. 그러자 말고삐가 갑자
기 느슨해지고, 중위는 뒤쪽으로 굴러 떨어졌다.
북풍은 놀라서 바로 멈추려고 했으나, 뒤에서 뛰
어오는 아군에 밀려서, 어쩔 수 없이 그곳에서 수
십 미터나 나아가 버렸다. 그러나 주인을 잃었다
고 생각하자, 지금까지 용솟음치던 용기도 꺾이고,
꿈에서 깬 듯이 주위를 돌아봤다. 넓은 하늘에는
오후의 태양이 대포의 연기나 모래먼지에 가려서
희미하게 걸려있고, 땅위에는 사람과 말의 시체가
여기저기 쌓여 있다. 북풍은 갑자기 무서운 생각
이 들었다.

그리하여 주인이 그리워져서 이제까지 왔던 쪽으로 쏜살같이 되돌아갔다.

주인의 모습을 발견하자, 조용히 그 곁에 멈춰 섰다. 중위는 하늘을 향하여 쓰러져 있다. 북풍은 한 번 더 코끝을 쓰다듬어 주기를 바라며, 슬쩍 얼굴을 주인의 어깨 부근에 비벼댔다. 중위의 손은 그대로 움직이지 않는다. 북풍은 다시 한번 그 용감한 호령을 듣고 싶어져서, 호소하는 듯한 눈짓으로 주인의 얼굴을 내려다 보고, 좌우의 귀를 세워봤다. 그러나 들리는 것은 희미한 숨소리뿐이었다. 마침 그때 아득히 멀리서 아군의 만세소리가 터져 나왔다. 전쟁에 익숙한 북풍은 이 소리의 의미를 잘 알고 있었다. 그리하여 이에 호응하듯이, 또한 자신이 가장 사랑하는 주인에게 아군의 승리를 말하듯이, 한 소리 높게 하늘을 향해 울부짖었다. 중위의 얼굴에는 만족스런 듯한 미소가 떠올랐다.

제23 편지

有難(arigata)
候(sourou)
伯父(ozi)

1

큰아버님 전상서

어제는 아름다운 이야기책을 보내주셔서 정말로 감사하옵니다. 그 중에서 제일 재미있는 이야기를 잘 기억해 두었다가, 다음 주 학교에서 '대화법' 시간에 이야기 하여, 같은 반 친구들을 놀라게 하려고 기대하고 있사옵니다.

9월 20일
정남 올림

猫(neko)
頂(itada)
伯母(oba)

2

큰어머님 전상서

　일전에 놀러갔었을 때, 약속하셨던 얼룩 새끼고양이는 벌써 상당히 컸으리라 사료되옵니다. 가까운 시일 안에 받으러 가고자 하옵는데, 며칠쯤이 좋으실지 알려주시옵길 앙망하옵니다.

9월 20일
미요코(みよ子) 올림

啓(kei) 任(nin) 由(yoshi) 承 (uketamawa) 住(jyuu)	3. 요시노 만키치(吉野萬吉) 군에게 배계(拜啓) 작년 우리 학교에서 요시노 군의 학교로 전근하옵신 사노 선생님께서 요전부터 편찮으시다는 소식을 들었사옵니다. 서둘러 병문안 하고 싶사옵니다만, 주소를 알지 못하여 곤란하옵니다. 만일 알고 계시오면 수고스럽겠지만 급히 알려주시옵기를 앙망하옵니다. 총총 9월 20일 시모다 에이타로(下田英太郎)

제24 수병(水兵)의 어머니

役(eki) 恥(hazi) 銳(surudo)	1894~1895년 청일전쟁 때이었다. 어느 날 우리 군함 다카치호(高千穂)의 한 수병이 여자 필적의 편지를 읽으면서 울고 있었다. 마침 지나가던 어느 대위가 이것을 보고 너무나 사내답지 못한 행동이라 생각하고, 　"이봐! 뭐하는 거야? 목숨이 아까워진 거냐? 처자식이 그리워진 거야? 군인이 되어 전쟁에 나온 것을 남자의 체면으로 생각지 않고 그 꼴은 뭐야? 병사의 수치는 함정(艦艇)의 수치, 함정의 수치는 제국(帝國)의 수치야!" 라고 날카롭게 꾸짖었다.

　　수병은 놀라 일어나서, 잠시 대위의 얼굴을 응시했으나, 이윽고 고개를 숙이고,

　　"그것은 너무나 지나치신 말씀이십니다. 나에게는 처도 자식도 없습니다. 저도 일본 사내입니다. 왜 목숨을 아까워하겠습니까? 자! 이것을 보십시오."

라고 말하며 그 편지를 내밀었다.

豊(toyo) 攻擊 (kougeki) 恩(on) 報(muku)

대위가 그 편지를 받아보니 다음과 같은 내용이 적혀 있었다.

"듣자하니, 너는 도요시마(豊島) 해전(海戰)에도 나가지 않았고, 또 8월 10일의 위해위(威海衛) 공격인가에도 특별한 역할이 없었다면서? 어미는 몹시 유감스럽게 생각한단다. 뭐 하러 전장에는 나갔었던가! 한 목숨 버려서 천황의 은덕에 보답키 위함이 아니었던가?

願(gan) 察(satsu)	마을 사람들은, 아침저녁으로 여러 가지 친절하게 돌봐주시며 "외아들이 나라를 위해 전쟁에 나간 터라, 분명 불편한 일도 있겠지요. 무엇이든 어려워말고 말씀하세요."라고 친절하게 말씀해 주신단다. 어미는 그 분들의 얼굴을 볼 때마다, 그대의 기개 없는 것이 생각나서, 이 가슴은 찢어질 것만 같단다. 하치만(八幡)16)신에게 매일 참배 가는 것도 그대가 눈부신 무공 세우기를 염원함이라. 어미도 인간인지라, 제 자식이 밉다고는 털끝만큼도 생각지 않는다. 어떤 생각으로 이 편지를 쓰고 있겠는가? 부디 잘 살펴 주기를."

---

16) 오진텐노(応神天皇)를 주신(主神)으로 하는 궁시(弓矢)의 신

務(mu)	대위는 이 편지를 읽고, 자신도 모르게 눈물을 흘리며 수병의 손을 잡고, 　"내가 미안하다. 어머님의 정신은 감탄할 수밖에 없다. 자네가 속상해 하는 것도 당연하다. 그러나 요즘의 전쟁이란 것이 옛날과 달라서, 나 홀로 나아가 공을 세울 수는 없다. 장교도 병사도 모두가 하나가 되어 역할을 하지 않으면 안 된다. 모두가 상관의 명령을 지키며, 자신의 직무에 혼신을 다하는 것이 제일 중요하다. 어머니는 "한 목숨 버려서 천황의 은덕에 보답하라"고 말씀하고 계신데, 아직은 그럴 기회가 없었던 것이다. 도요시마 해전(海戰)에 나가지 않았던 것은 함대원 모두가 아쉬워하고 있다.

그러나 이도 어쩔 수 없다. 조만간에 공을 세울 전
쟁도 있겠지. 그때에는 다같이 눈부신 역할을 하
여, 우리 다카치호 전함의 명예를 드높이자! 이런
사정을 어머니에게 잘 말씀드려서, 안심하시도록
하는 것이 좋겠다."
고 타일렀다.

　수병은 머리를 숙이고 듣고 있다가 이윽고 거수
경례를 하고 싱긋 웃으면서 자리를 떴다.

제25 선거하는 날

雄(o) 議(gi) 選擧(senkyo) 補(ho)	미치오(道雄)가 오늘 아침 일어나 보니, 사업 일로 시코쿠(四国) 쪽으로 여행하고 계시던 아버지가 밤 기차로 막돌아오셨다. 한 달이나 걸릴 것 같다고 말씀하셨는데, 어째서 이렇게 빨리 돌아오셨을까 하는 생각이 들어 여쭤 보았다. "아버지! 일은 벌써 끝나셨어요?" "아냐! 아직 끝나지 않았어. 오늘 오후 4시 기차로 다시 떠날거야." "어째서 돌아오셨습니까?" "오늘은 중의원(衆議院)의원 총선거이기 때문에, 투표하기 위하여 돌아온 거야!" "아버지는 누구에게 투표하실 거예요?" "그것은 누구에게도 말할 수 없는 거야! 그러나 이번의 후보자 중에, 실로 훌륭한 생각을 가지고 있어서,

'그 사람이라면'하고 생각되는 사람이 있기 때문에, 아버지는 처음부터 그 사람으로 확실히 정하고 있었다. 오늘 투표하러 돌아온 것도 출발할 때부터 예정된 일이다."

"그런 훌륭한 분이라면, 아버지가 일부러 돌아오시지 않아도 괜찮지 않아요?"

初(shyo)
豫(yo)
權(ken)
棄(su)
適(teki)

"아냐! 그 사람이 당선되는 것은 의심하지 않지만, 자신의 고귀한 선거권을 포기한다는 것은, 선거권자로서 결코 해서는 안 되는 일이므로, 이렇게 일부러 돌아온 것이다.

당선 되고 안 되고는 별도로 하고, 각각 자신이 적당하다고 믿고 있는 사람에게 투표하는 것이, 진정한 의미의 선거라는 것이다.

或(arui)
棄(ki)
趣(shu)

세상에는 여러 가지 사정 때문에 혹은 신용도 하지 않는 사람에게 투표하거나 또는 기권해버리거나 하는 사람도 있는데, 그런 일을 하는 것은 선거의 취지에 반하는 것이다. 국민으로서 부끄러워해야 할 일이다."

미치오는 이때, 문득 학교 반장선거를 떠올렸다. 미치오의 학교에서는 요전에 반장이 전학 갔기 때문에, 가까운 시일내에 후임 선거를 하게 되어 있었다. 미치오는 누가 뭐라 해도 자신이 가장 적당하다고 믿고 있는 나카무라(中村) 군을 찍으려고 결심했다.

끝

다이쇼 10년(1921) 12월 5일 발행
쇼와 4년(1929)　11월 1일 수정인쇄
쇼와 4년(1929)　11월 4일 수정발행　　　　　　　　　　　　　(비매품)

인쇄소 공동인쇄주식회사

大正十年十二月五日　發行
昭和四年十一月一日　修正印刷
昭和四年十一月四日　修正發行

（非賣品）

著作權所有

著作兼發行者　文部省
東京市小石川區久堅町百八番地

印刷者　大橋光吉
東京市小石川區久堅町百八番地

印刷所　共同印刷株式會社

조선총독부 편찬 (1923~1924)

『普通學校國語讀本』

第二期 한글번역 卷10

5학년 2학기

尋常小學國語讀本　卷十

文部省

조선총독부 편찬(1923~1924)
『普通學校 國語讀本』 第二期 한글번역 卷10

목록

제1 메이지신궁(神宮) 참배

留(ryuu)
達(tat)
神(kou)

　10월 12일에 우리 5학년생 일동은 가와이 선생님의 인솔 하에 도쿄 요요기(代々木)에 있는 메이지(明治)신궁을 참배하였다.

　아오야마(青山)의 신궁 앞 정류장에서 전차를 내려 넓은 참뱃길을 백여 미터 가서 신궁 다리에 도착했다. 다리를 건너 큰 도리이(鳥居)를 통과하여 남쪽 참뱃길로 들어섰다. 양쪽에 나무들이 빈틈도 없이 무성하여 새로 지어진 신사(神社)의 경내라는 생각이 들지 않는다. 왼쪽으로 접어들어 제2 도리이를 지나 다시 오른쪽으로 돌아서 제3 도리이 앞으로 나왔다. 참배객용 샘물에 손을 정결하게 씻고 입을 헹군 뒤 남신문(南神門)을 들어서니, 배전(拜殿), 회랑(回廊) 등이 모두 칠하지 않은 나무로 지어져서 성스럽기가 비할 바 없다.

奉(tatematsu) 后(gou)	 배전 앞으로 나아가 정렬하여 정중하게 배례하였다. 메이지 천황, 쇼켄(昭憲) 황태후 두 분의 혼령이 이곳에 영원히 진좌하신다고 생각하니 황공함이 각별하게 몸에 스며드는 것을 느꼈다. 　선생님의 설명에 의하면 이 신사의 건물 목재는 주로 기소(木曽)지방의 노송나무라고 한다.

好(kono) 到(ita) 遺(i) 舊(旧, kyuu) 何(izu) 世(sei)	또한 날마다 올리는 제물로는 생전에 특별히 좋아하셨던 것들을 고르기 때문에, 그러한 것을 신사의 사무소로 가지고 와 신전에 바치고 싶다고 하는 사람들이 많다고 한다. 보물전(寶物殿)에 이르러 유물을 관람하였다. 평생 대단히 검소하게 사신 모습이 하나하나의 유품에 나타나서 감개무량함을 느꼈다. 그리고 신사 사무소로 가서 옛 저택과 정원 관람을 신청하였다. 두 곳 모두 살아 계셨을 때 가끔씩 행차하셨던 곳으로서, 당시의 저택과 정원이 지금도 그대로 보존되어 있다고 한다.

彼所(asoko) 思(omoi)	안내인의 인도를 받아 먼저 사무소 옆의 옛 저택을 관람하였다. 옛 저택은 소박한 단층집이며, 뜰 여기저기에 아래쪽 잎이 물들기 시작한 싸리나무가 무성했다. 싸리다실(茶室)이라는 이름이 있는 것도 이 때문일 것이다. 이곳을 나와 옛 정원으로 들어가 나무숲 사이의 좁은 길을 걷자니 금방 작은 건물 앞으로 나왔다. 이름을 격운정(隔雲亭)이라 했다. 앞쪽에는 옆으로 기다란 연못을 두고, 그 둘레에 눈에 들어오는 것은 우거진 나무와 풀뿐이어서, 마치 별천지에서 노는 듯한 생각이 들었다. 옛 무사시(武蔵) 들판의 모습을 이곳에 남기고자 하셨던 황태후의 생각대로 지금도 인공적인 것을 더하지 않는다고 한다.

坪(tsubo)
新(arata)

　옛 정원을 나와 북쪽 참뱃길을 통하여 돌아왔
다. 도중에 선생님께서

　"이 경내는 넓이가 22만평이야. 옛 정원과 저택
주변을 제외하고는 나무가 아주 적었기 때문에
새로 심은 나무의 수가 실로 십 수만 그루에 이른
단다. 대부분은 국민들의 진심 어린 헌수(獻樹)
로, 그 중에는 초등학생들이 드린 것도 적지 않지.

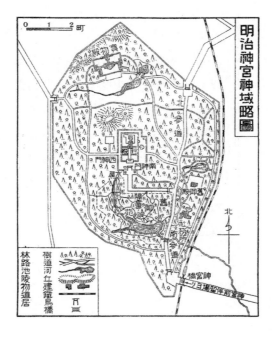

盡(尽, tsu) 扱(atsuka) 半(naka) 團(dan)	수종은 대개 우리나라에서 나는 온갖 것이었으며, 산지는 일본 전국에 걸쳐 있었다. 타이완, 사할린 등 먼 곳에서 보내 온 나무도 있어서, 잘못하여 시들어 버린 것도 많았을 터인데, 대부분 모든 나무가 힘차게 뿌리를 내린 것은 정말로 놀랄만한 일이지 않느냐. 파는 사람, 옮기는 사람, 심는 사람 모두가 한결같이 마음을 다하여 소중하게 다뤘기 때문일 거야. 또한 조경공사가 절반 정도 진척되었을 무렵부터 각 지방의 청년단에서 도움을 자원하는 사람 수가 많아서, 누구든 열흘 동안으로 제한하여 토목공사에 종사하게 하였는데, 보통의 인부보다도 뛰어나서 일은 잘 진척되었다고 한다. 이 또한 진실된 마음으로 하였기 때문일 것이야." 라고 말씀하셨다.

제2 알렉산더대왕과 의사(醫師) 필립

位(kurai)
征(sei)
建設
(kensetsu)

옛날 유럽에 알렉산더 대왕이라는 왕이 있었다. 마케도니아라는 조그만 나라의 왕자로 태어나 스물한 살에 왕위에 올라, 불과 십 수 년 사이에 사방의 나라들을 정복하여 당시 세계에 유례없는 대국을 건설한 영웅이다.

그 대왕이 동방의 여러 나라 원정에 나섰을 때의 일이다. 어느 날 왕은 정예병 부하들을 이끌고 불타듯이 뜨거운 평원을 가로질러 타르스스라는 마을에 도착했다. 온몸이 모래투성이가 된 왕은 마을 어귀를 흐르고 있는 맑은 강에 들어가 목욕을 했다. 강물은 의외로 차가워서 마치 얼음 같았다.

이 목욕이 몸에 안 좋았는지 왕은 갑자기 심한 열병에 걸렸다. 진두에 서면은 백만 적군을 아무렇지도 않게 생각하는 영웅도 열병은 어떻게 할 도리가 없었다.

投(tou)
殺(satsu)
經(kei)
調(chou)
賴(rai)
密(mitsu)

　　용태는 시시각각 나빠져 갔다. 의사들은 모두 약을 먹였다가 만일의 사태라도 발생하면 독살했다는 의심을 받지는 않을까 두려워하여, 단지 경과를 지켜보고 있을 뿐이었다.

　　이 모습을 보고 필립이라는 의사가 한 목숨 바쳐서라도 왕을 구하기로 결심했다. 방법은 어떤 극약을 쓸 수밖에 없었으므로, 필립은 진심을 담아 이 사실을 말씀드렸다. 왕은 흔쾌히 이를 허락했다. 필립이 약을 조제하러 별실로 물러간 뒤, 왕이 평소 신뢰하고 있는 파르메니오 장군으로부터 왕에게 보낸 밀서가 도착되었다. 거기에는 필립이 적에게 많은 돈을 받기로 약속하고 왕을 독살하려 하고 있다는 풍문이 있으니 조심하시라고 쓰여 있었다.

| 終(owa) 然(zen) **興奮** (kouhun) 眼(me) 面(omote) | 　왕은 편지를 다 읽고 나서 살며시 베개 밑에 넣었다. 얼마 안 있어 필립은 병실로 들어와 정중하게 약이 든 컵을 왕에게 올렸다. 왕은 한 손에 그 것을 받아들고, 한 손으로 그 밀서를 꺼내어 조용히 필립에게 건네주었다.
　한 모금 또 한 모금 태연하게 약을 마시는 왕, 한 줄 한 줄 두려움과 흥분으로 눈빛이 빛나는 필립
　이윽고 다 읽은 필립이 새파란 얼굴로 왕을 올려보니, 왕은 신뢰의 마음을 얼굴에 띄우며 필립을 내려다보고 있었다.
　왕은 얼마 안 있어 건강을 회복하여 다시 그 훌륭한 모습을 진두에 보일 수가 있었다. |

제3 도로공사

育(iku)	10월 25일은 청년단의 도로공사 날이었다. 단원들은 오전 7시에 하치만(八幡)신사 경내로 모였다. 총원 32명이 4개 조로 나뉘어 각각 작업 담당구역으로 향했다. 　오후 4시에 예정된 일을 마치고 다시 경내에 모였다. 따뜻한 엽차로 목을 축이며 쉬고 있는데, 최근 성묘를 위해 조선에서 돌아오신 다카하시 씨가 오셨다. 다카하시 씨는 그쪽에서 오랫동안 교육에 종사하고 있는 사람이다. 　"야! 여러분 수고하네요. 지금 지나가다 보고 왔는데, 대단히 훌륭하게 되었네요. 이렇게 빨리 완성됐어요. 어디 저도 차 한 잔 마실까요?" 　누군가가 들돌을 굴려 와서 흙을 털고 다카하시 씨를 위해 자리를 만들었다. 다카하시 씨는 바로 앞에 있는 준타로 군을 보고

"자네도 아주 많이 컸구만. 아버지 젊었을 때와 똑같아. 나도 자네 아버지와 함께 도로공사에 자주 나갔었지."

다카하시 씨는 차를 한 모금 마시고

"고향의 청년 제군이 이렇게 성실해진 것은 무엇보다 기쁜 일입니다. 우리들이 젊었을 때에는 이런 일이 있으면 여러분의 반 정도밖에 하지 않았습니다. 아침에는 일을 늦게 시작하고 저녁에는 일찍 마쳤을 뿐만 아니라, 아무튼 무책임한 일만 했었지요.

그런 식이었기 때문에 추석 때의 도로공사 등은 언제나 이틀은 걸렸던 것입니다. 여러분 앞에 서니 그때의 태도가 부끄러워 어쩔 줄 모르겠습니다.

제가 이번에 돌아와 처음으로 청년단 규약을 봤을 때는, 잘 정리되어 있는 데에 놀라서 이것이 제대로 실행되고 있는지 어떤지 조금 걱정이 되었습니다. 그러나 지난번 야학을 참관했을 때 여러분이 열심히 하는 모습이나, 오늘 일하는 것을 보고 아주 든든해졌습니다.

歌(ka)	저는 이 마을의 청년 제군이 이렇게 수양에도 실행에도 애쓰고 계시는 것을 기쁘게 생각합니다. 　조선의 청년들도 요즈음은 상당히 머리가 진보하여, 그쪽의 교육에 관계하고 있는 저희들은 대단히 기뻐하고 있습니다. 그와 관련하여 제군들도 크게 분발해 주셨으면 합니다." 　다카하시 씨의 열성적인 이야기는 그 뒤로도 계속 이어져 단원들에게 큰 감동을 주었다. 이윽고 해질녘 무렵이 되어 일동은 단가를 힘차게 부르면서 석양빛을 받고 집으로 돌아갔다

제4 마시장(馬市場) 구경

| 久(hisa) 市(ichi) | 신키치(信吉)에게

  미야모토(宮本)의 백부님 댁에 도착한 것은 어젯밤 7시였습니다. 오랜만에 여러분들과 이런저런 이야기를 하여 매우 즐거웠습니다. 마침 이곳의 명물인 마시장이 요즈음 시작되었다 하여, 오늘은 아침부터 요시오(義雄) 군의 안내를 받아 구경하러 갔습니다.
  마시장이 점점 가까워지자 큰길도 골목길도 모두 말들로 가득했습니다. |

危險(kiken) 向(kou) 周圍(syuui) 無(na)	익숙하지 않은 나는 괜찮다고 들었어도 역시 말 옆을 지나가는 것이 위험한 듯한 생각이 들어 어찌 할 바를 몰랐지만, 그곳 사람들은 아주 태연하여 서너 살 된 아이도 말의 배 밑을 자유롭게 지나다닙니다. 말들도 아주 유순하여 발로 차거나 물어뜯거나 하는 일은 결코 하지 않습니다. 시장은 변두리에 있습니다. 넓이는 사방이 약 220미터 정도로, 경매장을 중앙으로 하여 그 주위는 말을 매어 두는 곳입니다. 내가 갔을 때에는 벌써 망아지들이 그곳에 빈틈없이 매어져 있었습니다.

族(zoku)	모두 두 살 된 망아지라고 합니다. 경매 시작까지는 아직 시간이 있다고 해서 말을 매어 두는 곳을 둘러보았는데, 어느 망아지나 모두 귀여운 얼굴을 하고 얌전하게 매어져 있었습니다. 그 중에는 어미 말이 함께 와 있는 것도 많이 있었습니다. 　망아지에게는 대개 주인집의 온가족이　따라와서 친절하게 돌봐 주고 있었습니다. 

背(se)

　그 중에는 너 정도의 아이와 어머니인 듯한 사
람이 오늘의 이별을 아쉬워하며, 울면서 콩이나
당근을 주거나, 목이랑 등을 쓰다듬고 있기도 했
습니다.

直(ne)	그것을 보고 있자니, 과연 이렇게 귀여움을 받는다면 말도 유순하고 사람을 잘 따르는 법이라고 마음 속 깊이 생각했습니다. 경매가 시작된 것은 10시 경이었습니다. 경매장 한쪽에 높은 곳이 있고, 그 위에 담당자가 있습니다. 망아지가 한 마리씩 중앙의 광장으로 이끌려 나오면, 새까맣게 모여 있는 살 사람들은 자신의 예상으로 각자 값을 매기고 점점 그 금액을 올려 갑니다.

그러는 동안 살 사람들의 경쟁하는 소리와 담당자의 목소리가 뒤섞여서 대단히 소란스럽습니다. 그리하여 이제 이것이 최고가라고 생각하면 담당자가 그 가격으로 매도한다는 신호로 손뼉을 치고 거래가 이뤄집니다.

거래가 이뤄진 말은 그날 중으로 산 사람에게 건네져 버립니다. 2년의 세월 동안 고생하며 길러 온 말이 갑자기 본 적도 알지도 못하는 사람의 손에 넘어가 버리므로, 기른 사람이 울면서 이별을 아쉬워하는 것도 당연한 일입니다.

買(bai) 段(dan) 圓(en)	이 고장에서는 두 살짜리 망아지 시장이 열흘 동안이나 열려서, 그 동안에 천 마리의 매매가 있었으며, 가격도 한 마리에 4천엔, 5천엔 하는 비싼 것이 있었다고 합니다. 이런 말들이 일본 전국으로 흩어져서, 더러는 군마(軍馬)가 되고 더러는 마차를 끄는 말이 되며 더러는 농사일을 하는 말이 된다고 합니다. 나는 오늘 이곳에 와서 주인들이 저렇게 아끼고 있던 것을 보고, 이 망아지들을 산 사람들도 부디 똑같이 부드럽게 대해 주면 좋으리라고 마음으로 빌었습니다.

處 (処, tokoro)	돌아오는 길에 산보를 겸하여 거리를 걸어 보니, 팔고 있는 과자도 장난감도 대부분은 말과 관련된 것이며, 가게의 간판에도 말이 그려져 있는 것이 자주 눈에 띄었습니다. 과연 이 부근은 말로 유지하고 있는 곳이라고 생각했습니다. 별도로 넣은 그림엽서도 돌아오는 길에 산 것입니다. 시장의 모습을 잘 알 수 있으므로 함께 봐 주세요. 　　　　　　11월 2일 　　　　　　형으로부터

제5 등대지기의 딸

嵐(arashi)	영국의 동해안에 롱스톤이라는 섬이 있다. 그 한 모퉁이에 우뚝 서 있는 등대에서 나이든 등대지기가 아내, 딸과 함께 셋이서 외롭게 그날그날을 보내고 있었다. 파도와 바람 외에는 벗 삼을 것도 없는 이 섬에서, 노부부의 위안이 되는 것은 마음씨 고운 외동딸 그레이스 다링이었다. 어느 가을날 밤의 일이었다. 한 척의 배가 갑작스러운 폭풍에 휩싸여 이 섬에서 가까운 바위에 걸렸다. 배는 두 조각으로 부서져서 선미 쪽은 바로 큰 파도에 휩쓸려 버렸다.

許(bakari)
附(tsu)
救(sukui)

　　바위 위에 남은 선체에는 열 명 정도의 선원들
이 매달려서 목청을 다하여 구조를 요청했지만 아
무런 보람도 없었다.

　　어슴푸레하게 날이 샜을 무렵, 몹시 거친 바다
를 바라보던 그레이스 부녀는 언뜻 아득한 먼바다
에 그 난파선이 있는 것을 발견했다. 딸은 놀라서

　　"저런 불쌍하게! 아버지 어서 구하러 가시죠. 빨
리 빨리!"

　　"저 파도를 봐! 불쌍하지만 도저히 인간의 힘으
로는 구할 수 없어"

　　"저는 도저히 사람이 죽는 것을 가만히 보고만
있을 수 없습니다. 자 갑시다! 목숨을 걸고 한다면
구할 수 없지는 않겠지요"

遂(tsui) 漕(ko) 附(hu) 呑(no) 退(tai)	이 다부진 말은 마침내 아버지를 움직였다. 두 사람은 바로 보트를 띄울 준비를 하였다. 　이윽고 보트는 해안을 출발했다. 연이어 밀려오는 작은 파도에 휩싸였는가 하면 금세 큰 파도에 흔들리면서 먼바다로 먼바다로 저어나갔다. 부녀는 죽을 힘을 다하여 젓고 또 저었다. 바위 부근은 파도가 더욱 거칠었다. 밀어닥치는 큰 파도, 다시 밀려오는 역방향의 파도로 하마터면 바위에 부딪쳐 바로 죽음에 휩싸일 뻔하였다. 일진일퇴, 오직 운을 하늘에 맡기고 두 사람은 보트를 조정했다.

注(soso)

　보트는 간신히 그 난파선에 당도했다. 살아남은 선원들은 눈물을 흘리며 기뻐하였다. 부녀는 큰 위험을 무릅쓰며 사람들을 보트에 태워, 다시 있는 힘을 모두 쏟아 자신의 집으로 향하였다.

浪(rou) 再(sai) 名残(nagori) 爲(i) 畫(画, ga)	지칠 대로 지친 선원들도 부녀의 용맹스러운 행동에 힘을 얻어 너도나도 힘을 더했다. 이리하여 보트는 또 다시 거친 파도를 헤치고 등대로 돌아온 것이다. 　이틀이 지나 날씨도 개고 파도도 잠잠해졌다. 그레이스의 진심 어린 간호에 의해 완전히 원기를 회복한 사람들은, 부녀에게 죽음에서 살려 준 은혜에 깊이 감사하고 이별을 아쉬워하며 이 섬을 떠났다. 　이제까지 사람들에게 알려지지 않았던 등대지기 딸 그레이스 다링의 이름은 곧 나라 안팎으로 전해졌다. 딸의 용감한 행동은 노래로 불려지고, 그 초상화는 도처의 가게에 장식되었다.

제6 안개

輪(rin) 路(ji) 影(kage) 笛(hue) 寄(yo)	아침안개 어슴푸레 들과 산에 가득하고 달님처럼 태양이 희미하게 떠 있네. 들길 지나는 인적은 금세 사라지고 요란스런 때까치 울음 어느 나뭇가지인가. 골짜기에서 밀려와 나무줄기 적시고 어슴푸레 아련히 아침안개 흐르네. 밤안개 고요하게 세상을 감싸고 늘어선 집들의 등잔불 흐릿하네. 그림자처럼 사람들이 오가는 한길 닐니리 피리소리 어디에서 들려오나. 창가에 다가와서 유리창을 적시고 고요하고 은밀하게 밤안개 흐르네.

제7 파나마 운하

形(kei)
伏(huku)
層(sou)
岩(gan)
割(wari)
到(tou)

북아메리카에서 남아메리카로 이어지는 부분은 파나마 지협(地峽)이라 하여, 지형이 대단히 좁고 길게 되어 있다. 이 지협에 만든 운하가 세계에서 유명한 파나마 운하이다.

파나마 지협은 전체적으로 작은 산들의 기복이 있는데다, 지층에는 단단한 암석이 많다. 그 외에도 여러 가지 이유가 있어서, 이 지협을 깎아 평평한 수로를 만들어 태평양, 대서양의 두 바닷물을 흐르게 하는 것은 도저히 불가능한 일이었다. 그래서 이 운하는 매우 독특한 구조로 되어 있는 것이다.

먼저 지협의 산지(山地)를 흐르고 있는 강물을 막아서 두 개의 호수를 만들었다. 고지대의 토지 위에 물을 채웠으므로 호수의 수면은 해수면보다 훨씬 높다. 이 호수에 양쪽 바다로부터 수로가 연결되어 있다.

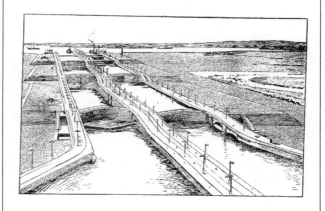

結(ketsu)
設(mou)

　그런데 이 높은 호수와 낮은 수로를 아무런 장치도 없이 연결하면, 호수의 물은 폭포처럼 수로에 떨어져서 도저히 배를 통과시킬 수 없으므로, 수로 군데군데에 수문을 설치하여 교묘하게 배가 오르내릴 수 있도록 해 놓았다.

湖(ko)	지금 태평양 쪽에서 이 운하를 통과하려고 한다. 배는 먼저 바다에서 넓은 수로로 들어온다. 조금 나아가니 수문이 있어서 앞길을 가로막고 있다. 가까이 다가가니 수문의 출입구는 좌우로 열리더니 배가 안으로 들어가자 닫힌다. 위쪽에도 수문이 있으므로 배는 큰 상자 안에 떠 있는 형상이다. 바닥의 물길에서 물이 솟아나와 배는 점차 높이 떠오른다. 위쪽의 수문이 열리고 배는 그 다음 상자 속으로 들어간다. 이전과 같은 방법으로 배는 한층 더 높이 떠올라, 다음 수문을 지나 작은 인공호수로 나온다.

　이 호수를 가로지르자 또 수문이 있으며, 배는 더욱 더 높아진다. 이리하여 앞뒤로 3단계로 올라온 배는 해수면보다 약 26미터나 높은 수면에 떠 있는 것이다.

　그리고 나서 배는 크레브라 수로를 통과한다.

此処(koko) 浦(ura) 凡(oyo)	이것은 높은 산지를 깎은 것인데, 이곳을 깎는 일은 대단한 난공사였다고 한다. 수로를 통과하여 배는 다시 호수로 나온다. 가쓴 호수라 하는데, 넓이가 가스미가우라(霞ヶ浦)[1]의 두 배 이상이나 되는 커다란 인공호수로, 호수 위에 여기저기 산재하고 있는 섬들은 원래 이곳에 솟아 있었던 산들이다. 이 호수를 건너 다시 수문을 통과한다. 이번에는 지난번과 반대로 차례차례 3단계를 내려가 바다와 동일한 수면에 뜬다. 여기에서 또 수로를 달려 마침내 양양한 대서양으로 나가는 것이다. 운하는 총 길이가 200여 Km로, 대략 열 시간 정도에 항해할 수 있다.

---

1) 이바라키(茨城) 현 남동부에 있는 일본 제2의 호수로 면적은 약168km^2

畫(kaku)
億(oku)
費(tsuiya)
應(ou)
文(bun)

　파나마 지협에 운하를 만드는 일은 수백 년 전
부터 유럽인들이 여러 번 계획했던 일로, 실제로
이곳에서 대규모 공사를 실시한 적도 있었지만 성
공에는 이르지 못했다. 마지막으로 아메리카합중
국은 국가사업으로 이 공사에 착수하여 10년의 세
월과 8억엔의 비용을 사용하여 1914년에 마침내
이를 완성한 것이다.

　미국이 이 운하를 만드는 데 성공한 것은 주로
최신의 학술적 이론을 응용했기 때문이었다. 위생
설비를 개선해 위험한 병을 근절하여 수만 종사자
의 건강을 도모한 일이나, 거의 모든 문명의 이기
(利器)를 운용하여 산을 무너뜨리고 땅을 뚫으며
강물을 막는 일 등, 하나같이 그럴듯하지 않은 것
은 없다.

옛날에 태평양, 대서양의 두 바다 사이를 왕래
하는 배는 아득한 남아메리카 남단을 멀리 우회하
지 않으면 안 되었다. 그러나 파나마 운하가 개통
된 이후는 이 불편이 없어지고, 따라서 세계의 항
로에 커다란 변동을 일으킨 것이다.

제8 개간

    마을 변두리에 있는 우리 야산을 개간하기 시작한 지 벌써 한 달 남짓 된다. 아버지는 매일 형이랑 톱장이 리키조 씨랑 아침 일찍부터 가서 해질녘 늦게까지 일하고 있다. 오늘은 나도 따라가 보았다.

    베어낸 잡목, 잘라 쓰러뜨린 큰 나무, 파낸 나무뿌리나 돌멩이, 아직 대충 다듬어진 개간지는 온통 발 디딜 곳도 없는 상태이다. 내가 무심결에
    "야! 완전히 변했네."
라고 소리 지르자 형은
    "응! 이것이 40일 동안 땀 흘린 보람이야."
라고 하며 메고 온 곡괭이를 바닥에 놓았다.

땅바닥은 서리로 새하얗다. 주변은 매우 조용하여 가끔씩 떨어지는 낙엽 소리가 바스락바스락 들린다. 형은 그 근방에 흩어져 있는 나무뿌리나 잔가지 등을 주어모아 와서 모닥불을 피우기 시작했다. 아버지는 허리춤에서 낫을 빼면서

"아! 오늘 아침은 상당히 춥구나. 손가락 끝이 저리는 것 같아."

라고 말하며 모닥불 옆의 그루터기에 앉아 낫을 갈기 시작했다.

리키조 씨도

"하지만 날씨가 계속해서 좋은 상태야."

라고 누구에게랄 것도 없이 말하며 어제부터 자르기 시작한 커다란 느티나무를 큰 톱으로 켜기 시작했다. 아버지는

"리키조 씨! 잠깐 쉬고 나서 시작하세요."

라고 말했지만, 리키조 씨는 돌아보지도 않고 힘찬 목소리로

"아침나절에 이 느티나무만이라도 쓰러뜨리고 싶어서 말이죠."

라고 대답하며 멈추려고 하지 않는다. 쓱싹거리는 톱 소리가 주변의 정적을 깬다.

何処(doko)	건너편 산꼭대기에 햇빛이 빨갛게 비쳐 왔다. 어디선가 맑은 직박구리새 소리가 들린다. 조금 후 아버지는 낫을 들고 잡목 숲으로 들어갔다. 형은 나에게 　"소키치! 너는 아버지가 자른 잡목을 이렇게 묶어서 옮겨 줘!" 라고 말하며 생나무 가지로 잡목을 묶어 보였다. 그리고 형은 허리춤의 수건을 빼서 이마에 묶고, 아버지가 잡목을 베어낸 자리를 곡괭이로 힘차게 일구기 시작했다.

　나는 배운 대로 잡목을 묶어서는 옮기고, 옮기
고 나서는 또 묶으며 힘껏 일하였다.
　한참 동안 각자가 이렇게 일하고 있자니, 골짜
기 건너편의 풀숲 속에서 요란한 날개 소리를 내
며 산새 한 마리가 날아올랐다.

동시에 엽총 소리 두 발이 연이어 들렸다. 해는 상당히 높이 떠서 상쾌하게 빛나고, 높디 높은 창공을 한 무리의 검은방울새가 가뿐하게 날아간다. 아버지는

"이렇게 모두 일손을 모아 일하면, 내년 가을에는 벌써 새하얀 메밀꽃으로 이 지면이 파묻힐 거야."

라고 즐거운 듯이 말했다.

베고, 자르고, 파고, 옮기며 모두가 일사분란하게 일하여, 작업은 예상 이상으로 진척되어 9시경에는 벌써 여러 평의 땅이 새롭게 개간되었다. 리키조 씨가 켜고 있던 커다란 느티나무도 제대로 뿌리 부분부터 베어 넘어졌다.

제9 도공 가키에몽(柿右衛門)

緣(en)	가마에서 나온 기사에몽(喜三右衛門)은 툇마루 끝에 앉아서 피곤한 몸을 쉬었다. 해는 이미 서쪽으로 기울고 있다. 언뜻 올려다보니, 뜰에 있는 감나무에는 주렁주렁 열린 감이 석양빛을 받으며 산호구슬처럼 반짝이고 있다. 기사에몽은 너무나 아름다워서 넋을 잃고 바라보고 있었는데, 이윽고 　"아, 아름답구나! 저 색깔을 어떻게 해서든 표현하고 싶구나." 라고 중얼거리며 다시 가마가 있는 쪽으로 되돌아갔다.

自(shi)

　평소부터 자연의 색깔에 마음을 빼앗기고 있던 그는, 눈이 번뜩 뜨이는 듯한 감 색깔의 아름다움에 감동하여, 벌써부터 어찌할 바를 모르게 된 것이다.

　기사에몽은 그날부터 붉은색 무늬를 구워내는 일에 열중했다.

困(kon)	그러나 아무리 골몰히 궁리해도 목표로 하는 감색깔의 아름다움은 나오지 않는다. 날마다 구워서는 깨고 구워서는 깨면서 탄식하는 그의 모습은 실로 보는 사람도 애처로울 정도였다. 어려움은 그뿐만이 아니었다. 연구를 위해서는 적지 않은 비용도 든다. 연구에만 정신을 빼앗기면은 자칫하면 가업도 소홀히 하게 된다. 1년이 지나고 2년이 지나는 동안에 그날 그날의 살림도 어렵게 되었다. 제자들도 이러한 주인을 버리고 하나, 둘 도망가서 이제는 조수를 하는 사람조차도 없게 되었다.

罵(nonoshi)	기사에몽은 그래도 연구를 그만두려 하지 않는다. 사람들은 이런 모습을 보고 희롱하고 비웃으며 미친 사람이라고 매도했지만, 조금도 신경 쓰지 않는다. 그의 머리 속에 있는 것은 오직 석양빛을 받은 감 색깔이었다. 　이리하여 5, 6년은 지났다. 어느 날 해질녘 기사에몽은 황급히 가마가 있는 곳에서 뛰어나왔다. 　"장작은 없나? 장작은 없어?" 　그는 미친 듯이 그 부근을 뛰어다녔다. 그리고 손에 잡히는 대로 뭐든지 집어 들고 가서는 가마 속으로 던져 넣었다.
唯(tada)	

離(hana)
鷄(tori)
皿(sara)

　기사에몽은 핏발이 선 눈을 부릅뜨고 한참 동안 불 색깔을 응시하고 있더니, 이윽고 "좋아!"라고 소리치고 불을 껐다.

　그날 밤 기사에몽은 가마 앞을 떠나지 않고, 초조한 듯이 날이 밝기를 기다리고 있었다. 첫닭이 우는 소리를 듣고 나서는 이제 가만히 있을 수가 없다. 가슴을 두근거리며 가마 주위를 빙빙 돌았다.

　마침내 날이 밝았다. 그는 떨리는 다리를 힘껏 밟으며 가마를 열기 시작했다. 아침의 상쾌한 햇살이 나무숲 사이로 가마를 비췄다. 기사에몽은 하나 또 하나 가마에서 접시를 꺼내고 있었는데, 느닷없이 "이것이야!"라고 큰 소리를 질렀다.

尚(nao) 巧(kou)	"됐다 됐어!" 접시를 받들어 든 기사에몽은 덩실거리며 기뻐했다. 이리하여 감 색깔을 내는 데에 성공한 기사에몽은 얼마 안 있어 이름을 가키에몽으로 바꿨다. 가키에몽은 지금으로부터 300년 전쯤 히젠(肥前)2) 지방의 아리타(有田)에 있었던 도공이다. 그는 이후에도 더욱 연구에 연구를 거듭하고, 궁리에 궁리를 더하여 세상에서 가키에몽 양식이라 불리는 정교한 도기(陶器)를 제작하기에 이르렀다. 가키에몽은 유일하게 우리 국내에 있어서 고금의 명공(名工)으로 칭송받고 있을 뿐 아니라, 그 이름이 멀리 서양의 여러 나라에까지 알려져 있다.

2) 지금의 사가(佐賀) 현, 나가사키(長崎) 현의 옛 이름. 아리타는 사가 현에 있는 일본 유수의 도자기 산지이다.

제10 은행(銀行)

預(azu) 預(yo)	"아버지! 이번에 관공서 옆에 멋진 건물이 들어섰지요. 그것은 뭣입니까?" "그건 은행이야. 이제까지는 골목의 작은 건물이었는데, 이번엔 그런 훌륭한 것을 지은 거야 " "은행이라고 한다면, 아버지께서 언젠가도 은행에 가서 돈을 맡기고 오겠다고 말씀하셨지요? 은행은 돈을 맡기는 곳입니까?" "뭐, 그렇지" "도대체 왜 돈을 맡기는 겁니까?" "돈이란 것은 집에 간수해 두는 것이 아니야. 집에 보관해 놓으면 화재를 당하거나, 도둑맞거나 할 위험이 있으니까 말이야. 그렇지 않다 하더라도 여분의 돈이 있으면 자칫 쓸데없는 데에 써 버리지. 그러므로 조금이라도 남은 돈이 있으면 반드시 예금해 놓아야 하는 법이야 "

期(ki) 限(gen)	"맡긴 돈은 언제라도 돌려받을 수 있나요?" "은행의 예금에는 정기예금이라는 것과 당좌예금이라는 것이 있지. 당좌 쪽은 언제든지 인출할 수 있지만, 정기 쪽은 맡긴 날로부터 반년이라든가 1년이라든가 정해진 기한이 되지 않으면 인출할 수 없지." "그러면 당좌예금 쪽이 편리하네요" "편리하지만 그 대신 이자가 싸지. 정기 쪽에는 이자가 훨씬 많이 붙는단다. 그러므로 당분간 사용할 예정이 없는 목돈은 정기예금으로 하는 편이 좋은 거야"

拂(払, hara) 貸(kashi) 差(sa)	"도대체 은행은 사람들로부터 돈을 맡아서 그걸 어떻게 하는 겁니까? 많은 사람들에게 이자를 지불하기만 해서는 은행이 손해를 보지 않을까요?" "세상에는 돈이 남아도는 사람도 있지만, 또한 뭔가 사업을 시작하려 생각하고 있는데 돈이 없는 사람이 있단다. 은행은 남아도는 사람에게서 돈을 맡아, 자금이 부족한 사람에게 대부하는 거야. 대부 이자는 예금 이자보다 높게 되어 있으므로, 그 차액만큼 은행의 수입이 되는 거야." "참으로 잘 되어 있네요."

제11 통신용 비둘기

玉(gyoku) 羽毛(umou)	보석을 박은 듯한 귀여운 눈, 연지를 발랐는가 생각되는 우아한 부리, 아름다운 깃털로 덮힌 둥근 가슴, 비둘기는 보기에도 귀여운 것이다. 이 사랑스러운 작은 새가, 다른 방법으로는 통신이 전혀 불가능해진 경우라도, 여러 가지 어려움을 무릅쓰고 먼 곳까지 심부름꾼 역할을 맡는다고 들으면, 누구라도 놀라지 않는 사람은 없을 것이다. 　비둘기를 통신에 사용한 것은 상당히 오래된 시대부터의 일로, 특히 한때는 대단히 활발하게 이용되었지만, 무선전신 등이 발명된 이후 자연히 가볍게 여기게 되었다.

證(syou) 飼(shi) 勵(rei) 普(hu)	그런데 연전의 제1차 세계대전에서도 이 우아한데다 용맹하기까지 한 통신자의 역할의 위대함이 증명되어서, 지금은 각국 모두 활발하게 통신용 비둘기 개량에 힘을 쓰며, 그 사육을 장려하고 있다. 　비둘기는 상당히 먼 곳에서 풀어놓아도 제대로 방향을 판단하여 화살처럼 자신의 둥지로 날아 돌아온다. 그러므로 비둘기 몸에 편지를 묶어서 날려 보내면, 쉽게 통신을 할 수 있는 것이다. 　보통 통신용 비둘기를 사용하는 방법은, 일정한 사육장에서 다른 고장으로 데리고 가, 날아서 돌아가게 하는 것이다.

| 豫(arakaji) | 그러나 이 외에 왕복통신의 방법도 있다. 그것은 미리 갑, 을의 두 지점을 정해 놓고, 한 곳을 사육장 다른 한 곳을 모이 먹는 장소로 하여, 사육장에서 모이 장소로 날아다니며 모이를 먹게 훈련시켜서 그 왕래를 이용하는 것이다. 비둘기는 1분간에 약 1킬로미터나 나는 힘이 있으므로, 사오십 킬로미터 되는 곳을 왕복하며 모이를 먹는 것 정도는 아무것도 아니다.

 |

飛(hi)
移(i)
其処(soko)
覚(obo)
獲(e)
路(michi)

　또한 어두울 때에 나는 것에도 익숙하게 하여 야간에 사용할 수도 있으며, 사육장을 이동하여 그 장소를 기억시켜 날아서 돌아오게 할 수도 있다.

　비둘기에게 편지를 나르게 하기 위해서는 발에 알루미늄이나 셀룰로이드로 된 가는 관을 붙이거나, 가슴에 자루를 걸쳐서 그 안에 넣는 것이다.

　통신용 비둘기를 이용하는 경우는 상당히 많다. 비행기의 불시착 지점을 알리거나, 어부가 먼바다에서 어획량의 많고 적음이나 난파 상황을 통지하거나, 등산가가 길을 잃고 위험에 빠졌을 때 구조를 요청하는 등 여러 가지로 이용할 수 있다.

援(en)
畫(e)
的(teki)

　또한 전쟁 시에 전선에서 전투의 상황을 보고하
거나, 원군을 요청하는 데에 사용하는 것도 그 중
의 하나이다. 특히 요새가 적에게 포위당하였고
무전기는 파괴되었으며, 전령은 도중에 요격당하
여 완전히 방법이 다한 경우 등에는 이 용맹한 작
은 전령에게 의지할 수밖에 없다.

　아아! 그 귀여운 비둘기가 일단 임무를 명령받
으면, 용감하게 고공에 원을 그리면서 틀림없이
방향을 잡고 화살처럼 목적지를 향해 날아가는 것
을 보면, 누구라도 그 영리함과 용맹함에 감동하
지 않는 사람은 없을 것이다.

제12 화분의 나무

僧(sou) 門口 (kadoguchi) 留守(rusu) 迎(muka) 栄(ha)	눈 내리는 날 석양이 다 된 무렵, 죠슈(上州)3) 지방의 사노(佐野) 고을에 지친 발걸음도 무겁게 당도한 행각승이 있었다. 어느 허술한 집 문 앞에서 지팡이를 멈추고 하룻밤 묵게 해 주십사 하고 청하자, 차림새는 누추하지만 기품이 높은 부인이 나와서 "공교롭게 바깥주인이 출타 중이어서." 라며 거절하였다. 그렇지만 부인은 딱하게 생각하여 스님을 기다리게 해 놓고, 자신은 남편을 찾으러 밖으로 나갔다. 　때마침 소맷자락의 눈을 털면서 이쪽으로 오는 것은 이 집의 바깥주인이다. "오! 많이도 내리네. 세상에 빛나고 있는 사람이 바라본다면 필시 재미있는 일이겠지만." 　감회에 잠기어 터벅터벅 발걸음을 옮긴다.

---

3) 군마(群馬) 현의 옛 이름

宿(syuku) 泊(to)	언뜻 자신의 아내를 발견하고 "이런 큰 눈에 어찌하여 나온 거야?" "행각승이 하룻밤 묵기를 청한다 하시며, 당신의 귀가를 기다리고 계십니다." 남편은 서둘러 집으로 돌아갔다. 스님은 다시 바깥주인에게 하룻밤 잠자리를 청하였다. 그러나 바깥주인은 "사정은 딱하시지만 보시는 바와 같이 꼴사나워 도저히 재워드릴 수는 없습니다. 여기에서 2킬로미터 정도 앞쪽에 야마모토라는 주막집이 있습니다. 날이 저물기 전에 한 걸음이라도 빨리 가십시오." 라고 말하여, 스님은 대꾸할 말도 없이 떠 나갔다. 맥없이 떠나가는 스님의 뒷모습을 배웅하는 아내는 한참 있다 남편을 향하여

"아아! 애처로운 모습이구나. 도저히 저물기 전
에 야마모토 주막집까지는 도착하실 수 없을 거
야. 주무시게 해 드리면 어떨까요?"
동정심 깊은 아내의 말에 남편은 마음이 크게 움
직여서
"그러면 재워드리지요. 이런 큰 눈에 아직 멀리
는 못 갔을 것이요."

失(ushina)

바깥주인은 스님의 뒤를 쫓아 밖으로 나갔다.

"어이 어이! 나그네 양반, 돌아오십시오. 묵으시도록 하겠습니다."

바깥주인은 힘껏 소리 질러 부르지만, 아득히 멀리 간 스님은 들리지 않는지 뒤돌아보지 않는다. 내려 쌓이는 눈에 길을 잃어 나아가지도 않고 우두커니 서 있는 모습은

옛 시에
"조랑말 멈추고 소맷자락 털어내는 모습도 없네.
사노 고을 근방의 눈 내리는 황혼녘"
이라고 읊었던 것과 비슷하였다.
　간신히 스님을 데리고 돌아온 바깥주인은 뒤쪽
으로 아내를 불러
　"모시고는 왔는데 드릴 것은 있는가?"
　"좁쌀밥이라면 있습니다만."
　바깥주인은 고개를 끄덕이며 나와서 스님을 향해
　"주무시게는 하지만 그런데 아무것도 드릴 것은
없습니다. 마침 있는 좁쌀밥이라도 드실지라고 아
내가 말씀드립니다만 어떠신지요?"

圍(kako) 坐(za) 梅(ume)	"그거 괜찮습니다. 먹겠습니다." 　이윽고 들고 나온 초라한 밥상을 마주하고 스님 은 기뻐하며 젓가락을 들었다. 　세 사람은 화로를 둘러싸고 앉았다. 화롯불은 점점 약해지고, 문틈으로 새어 들어오는 밤바람은 살을 에는 듯하다. 　"점점 추워지는데 마침 장작도 떨어져 버렸네. 그래 맞아! 그 화분의 나무를 때서 부족하나마 대 접해야지." 라고 하며 바깥주인이 들고 오는 것은 애지중지하 는 매화나무, 소나무, 벚나무 화분이다.

스님은 놀라서

"마음은 고맙지만 그런 훌륭한 화분의 나무로 불을 때는 일은 부디 그만두십시오."

"저는 원래 화분에 심은 나무를 좋아해서 여러 종류를 모은 적도 있습니다만, 이렇게 집안이 몰락하고는, 그것도 쓸모없는 취미라 생각하여 대부분을 사람들에게 줘 버렸습니다. 그러나 이 세 그루만큼은 그 시절의 추억거리로 소중히 남겨 둔 것입니다만, 오늘밤은 이것으로 불을 때서 그대를 대접하겠습니다."

失(shitsu)	바깥주인은 화분에 심은 세 그루의 나무를 잘라서 화로에 불을 피웠다. 스님은 그 후의에 깊이 감사하고 나서 "실례입니다만 성함을 알고 싶습니다." "아니오, 이름을 말씀드릴 정도의 사람이 아닙니다." 바깥주인은 겸손해 하며 말하지 않는다. 스님은 거듭하여 "뵙자하니 보통 분이라고는 생각되지 않습니다. 부디 가르쳐 주십시오."

郷(gou)
奪(uba)
末(matsu)
長刀
(choutou)

　"그렇게 말씀하신다면 부끄럽지만 말하겠습니다. 사노와라자에몽도코요(佐野原左衛門常世)라 하오며, 원래는 사노 삼십여 고을의 영주였습니다만, 일족과 함께 영지를 **빼앗겨서** 이런 꼴입니다."
라고 말하며 눈을 떨구었지만, 바깥주인은 한참 후 어조를 바꾸어
　"이렇게 몰락해 있기는 하지만 보십시오! 여기에 갑옷과 투구 한 벌, 큰 칼 한 자루 그리고 저기에는 말을 한 필 묶어 두고 있습니다.

空(muna) 暇(itoma)	지금이라도 오로지 가마쿠라(鎌倉)에 큰 일이 생기면, 찢어졌지만 이 갑옷과 투구로 무장하고, 녹슬었지만 긴 칼을 차고, 야위었지만 저 말을 타고 첫 번째로 급히 달려가 맨 앞장서서 적의 대군을 헤치고 들어가, 이로구나 생각되는 적과 서로 싸워 훌륭한 공을 세울 각오입니다. 그러나 이대로 세월을 보낸다면 단지 허무하게 굶어죽을 수밖에 없습니다." 　한 마디 한 마디 마음 속에서 쏟아져 나오는 바깥주인의 이야기에 크게 감동받은 행각승은 두 눈에 눈물을 글썽거리며 골똘히 듣고 있다. 　다음날 아침 스님은 작별인사를 하고 다시 정처 없는 여행길에 나서려고 한다.

| 留(toma) 沙汰(sata) | 　처음에는 신분을 숨기고 가난의 부끄러움을 감추려고 잠자리를 거절한 도코요도, 하룻밤 마음을 터놓고 나눈 이야기의 여운이 사라지지 않는다. 하루 더 묵어가시라고 간곡히 권한다. 행각승 또한 주인 부부의 정이 넘치는 마음에 감동하여 어쩐지 헤어지기 어려운 마음이 있다. 그러나 이렇게 언제까지 머무를 수 있는 신세인가 하고 생각하며 마음을 굳게 먹고 떠나갔다.
 　내려 쌓이던 눈도 흔적 없이 사라지고, 산천초목이 기쁨에 넘치는 봄이 되었다. 때마침 가마쿠라로부터 병력 집결의 지시가 고을 고을로 갑자기 전해졌다. 도코요는 드디어 때가 왔구나 하고 야윈 말에 채찍질을 하며 달려 도착했다. 이윽고 명을 받아 주군 앞으로 불려갔다. |

上(kami) 汝(nanji) 寒(kan)	여러 지방의 크고 작은 영주들이 기라성처럼 늘어서 있는 중에 도코요는 찢어진 갑옷과 투구를 걸치고, 녹슨 긴 칼을 옆에 찬 채 주눅든 모습도 없이 나아가 주군 앞에 좌정하니, 사이묘지뉴도도키요리(最明寺入道時賴)가 아득한 윗자리에서

　"그대는 사노와라자에몽도코요인가? 그게 언제였던가, 큰 눈이 내렸을 때 하룻밤 신세졌던 행각승이오. 그때 말한 대로 가장 먼저 달려온 것은 감탄스러울 따름이오. 일족과 함께 빼앗긴 사노 삼십여 고을은 시비가 밝혀짐에 따라 그대에게 돌려주겠노라. 또한 추운 밤에 애지중지하던 화분의 나무를 잘라 불을 땐 마음은 무엇보다도 기쁘게 생각하오.

| 授(sazu)
侍(samurai)
訴訟(sosyou)
斷(dan) | 그 답례로 가가(加賀)의 우메다(梅田), 엣츄(越中)의 사쿠라이(櫻井), 고쓰케(上野)의 마쓰이다(松井田), 모두 해서 세 군데의 땅을 그대에게 수여하노라.”

　도키요리는 또한 모두를 향하여
　“이번 병력 집결에 모인 여러 무사 중에 소송이 있는 자는 신청하기 바라오. 시비를 잘 가려서 재판하겠노라.”

　모두가 삼가 듣고 있는 중에 도코요는 감사함이 몸에 넘치고 기쁨이 가득하여 주군 앞을 물러나왔다. |

제13 경성(京城)의 친구로부터

京(kei) 街(gai)	미즈노 다케지로(水野竹次郎) 군에게 오랫동안 소식 전하지 못했습니다. 모두 별고 없습니까? 이쪽도 모두 잘 지냅니다. 언젠가 약속한 대로 오늘은 이곳의 모습을 약간 말씀드리겠습니다. 　기차로 경성에 오는 사람은 대개 경성역에서 내립니다. 이 정거장을 나와 큰 길을 동북쪽으로 210여 미터 정도 나아가면 큰 문 앞으로 나옵니다. 이 문이 남대문입니다. 경성의 시가지는 원래 돌로 쌓은 성벽으로 둘러싸이고, 그 군데군데에 이런 문이 있어서 출입구가 되었다고 합니다.

| 留(todo) 天照大神 (amaterasu-ookami) | 　지금도 성벽은 대부분 옛날의 모습을 간직하고 있으며, 문도 주된 것은 남아 있습니다. 남대문 거리로부터 본정통 거리, 황금정통 거리, 종로 거리에 이르는 일대가 경성에서 가장 번화한 곳입니다.
　역의 동쪽에 남산(南山)이라는 산이 있으며, 그 일부가 공원으로 되어 있습니다. 이곳에는 아마테라스오카미(天照大神)와 메이지(明治)천황을 모신 조선신사(朝鮮神社)가 있습니다. 나는 남산에 이미 몇 번이나 올라갔는데, 이곳에서는 경성 시가지가 마치 그림처럼 보입니다. |

宮(guu) 構(kamae) 府(hu) 館(kan)	시가지 주위를 에워싼 여러 산은 지면이 허옇고, 그 위에 소나무가 드문드문 나 있습니다. 남산과 서로 마주하여 북악(北岳)이라는 산이 있는데, 그 산기슭에는 소나무숲을 뒤로 하고 오른쪽에 창덕궁(昌德宮), 왼쪽에 경복궁(景福宮)이 장대하게 자리 잡고 있습니다. 이 부근에는 일대에 조선가옥이 있으며, 경복궁 구내에는 신축한 조선총독부가 보입니다. 그 바로 앞에는 덕수궁(德壽宮), 또 그 앞에는 공회당, 조선호텔, 조선은행, 우체국 등의 훌륭한 서양식 건물이 우뚝 서 있습니다.

| 煉瓦(renga)
展(ten)
編(hen) | 　조금 떨어져서 오른쪽의 약간 높은 언덕 위에 천주교회당이 높이 서 있는 것이 보입니다. 맑디 맑은 공기 속에서 벽돌의 붉은 색이나 소나무의 녹색 등이 선명하게 부각되어 보이는 것은 실로 아름답습니다.
　경성의 남서부에 용산(龍山)이라는 곳이 있습니다. 용산은 원래 한강에 면하는 작은 거리였는데, 경성이 발전함에 따라서 점점 확장되고 양쪽이 거리로 이어지게 되어, 지금은 이곳도 경성 안에 편입되었다고 합니다. |

이곳에는 군사령부나 용산정거장 등이 있습니다.

여기에 온 지 벌써 세 달 남짓 됩니다만, 참 오래도 계속되는구나 싶을 정도로 맑은 날씨가 이어져서, 비는 아주 가끔씩밖에 내리지 않습니다. 특히 청명한 가을날의 아름다움은 각별하여, 소풍을 좋아하는 자네라면 날마다 어딘가로 나가고 싶어서 견딜 수 없을 것이라고 생각했습니다.

요즈음은 상당히 차가워져서, 아침은 영하 몇 도가 되는 추위로, 학교에 가는 길 등은 춥다기보다도 살갗이 아픈 것처럼 느껴집니다.

則(soku)
替(tai)
	흥미로운 것은 사나흘 계속하여 추우면, 그 다음에는 다시 그 정도 기간만큼 따뜻한 날이 이어지는 식으로, 추운 날과 따뜻한 날이 거의 규칙적으로 교대되는 것입니다. 이쪽에서는 옛날부터 이것을 삼한사온이라 한답니다.
	
	   알려 드릴 것은 아직 여러 가지가 있습니다만, 상당히 길어졌으므로 오늘은 이 정도로 해 두겠습니다. 부모님께도 부디 안부 전해 주십시오. 아울러 노다(野田) 군이나 야마구치(山口) 군에게도 안부 전해 주십시오.
	
	            12월 18일
	          하라 야스오(原 安雄)

제14 탄갱(炭坑)

炭(tan) 降(kou) 圖(zu) 往(i)	지난번에 규슈 미이케(三池)의 어느 탄갱을 구경하였습니다. 　사무소에서 갱내복으로 갈아입고, 안전등을 들고 안내하는 사무원과 함께 승강기를 탔습니다. 신호 종소리가 울리자 바로 움직이기 시작했습니다. 지하수 물방울이 사방에서 빗물처럼 떨어집니다. 승강기가 엄청난 기세로 내려가서 눈이 돌 것 같습니다. 안전등의 손잡이를 꼭 잡고 가만히 눈을 감고 있는 동안에, 어느 샌가 지하 270미터의 탄갱 바닥에 도착했습니다. 　승강기에서 내려 주변을 둘러보니, 주위의 벽은 모두 석탄으로, 전등 불빛을 받아 매우 빛나고 있습니다. 여기서부터 여러 방향으로 갱도(坑道)가 연결되어 있으며, 넓은 갱도에는 전기기관차가 석탄차를 이끌고 왕복하고 있습니다.

備(sona)

갱도를 조금 걸어가서 펌프실 앞으로 나왔습니다. 이 안에는 커다란 펌프가 몇 대나 있으며, 굉장한 기세로 움직이고 있습니다. 이것은 탄갱 내의 지하수를 갱 밖으로 퍼내기 위한 것이며, 이렇게 큰 펌프를 갖추고 있는 곳은 세계에서도 드물다고 합니다.

펌프실을 나와서 좁은 길로 들어갔습니다. 이곳은 전등도 없어서 아주 캄캄합니다. 안전등에 의지하여 걸어가니, 갑자기 발밑에서 쥐 한 마리가 튀어나왔습니다.

思(shi)	깜짝 놀라 멈춰 서자 한 마리가 또 튀어나왔습니다. 사무원은 태연하게 　"갱 안에는 쥐가 많아서 골치입니다." 라고 말하며 웃었습니다. 　그러는 사이에 마구간 앞으로 왔습니다. 이삼십 마리의 말들이 여물을 먹고 있습니다. 갱 안에 말이 있는 것은 이상하다 생각하여 물어 보니, 석탄을 운반하기 위해서 사육되고 있는 것이라 합니다. 　마구간 앞을 지나 점점 안쪽으로 깊이 들어가자, 드디어 석탄을 캐고 있는 곳으로 왔습니다.

崩(kuzu)	곡괭이 소리가 쾅쾅 들려옵니다. 어둠 속에서 안전등이 희미하게 빛나고 있습니다. 다가가 보니 광부가 땀투성이가 되어 힘차게 석탄을 캐고 있습니다. 곡괭이 끝이 반짝 빛납니다. 석탄이 우르르 무너집니다. 다시 곡괭이를 번쩍 듭니다. 석탄 벽은 안전등의 불빛에 검은 광채를 띠며 빛나고 있습니다. 

採(sai) 姓(syou) 燃(moe)	채탄 광부는 네 명씩 한 조가 되어, 그 중 두 명이 석탄을 캐내면, 다른 두 명이 그것을 소쿠리로 석탄차에 옮겨 싣습니다. 석탄차가 가득차면 마부가 이를 말에게 끌게 하여, 전기기관차가 다니는 길까지 운반해 갑니다. 　돌아오는 길에 사무원은 다음과 같은 이야기를 해 주었습니다. 　"지금으로부터 400년 전쯤의 일이라고 합니다. 어느 날 이 부근의 산에 나무를 하러 온 농부가 모닥불을 피우고 있자니, 옆에 있던 검은 돌에 불이 붙어 연기를 내며 타기 시작했습니다. 놀라서 살펴보니, 주변에는 똑같은 새까만 돌만 있었습니다.

更(sara)	그런 뒤 '불타는 돌'이라는 소문이 널리 퍼져, 부근의 여러 마을에서는 이것을 주어다 장작 대신에 사용하게 되었습니다. 이것이 즉 이 탄갱의 시초라고 합니다." 갱 밖으로 나오자 갑자기 날이 밝아진 것 같아서, 햇빛의 고마움을 절실하게 느꼈을 뿐 아니라, 저 갱 안에서 끊임없이 움직이고 있는 광부들의 일이 고귀한 것이라 생각하였습니다. 사무실의 목욕탕에서 몸을 씻고 옷을 갈아입으니, 다시 살아 돌아온 듯한 기분이 들었습니다.

제15 수출입

羊(you)

　　오늘날 우리들이 생활해 가기 위해서는, 우리나라에서 만들어지는 물건만으로는 충분하지 않다. 또한 국내에서 생산되는 것을 사용하기보다 때로는 외국 물건을 사용하는 쪽이 형편이 좋은 경우도 있다. 여러 종류의 물품이 멀리 외국에서 수입되는 것은 주로 이런 사정들 때문이다.

　　쌀은 우리나라에서 상당히 많이 생산되지만, 부족한 양을 외국쌀로 전혀 받아들이지 않을 수는 없는 것이다. 그래서 인도지나 반도 부근에서 매년 수입하고 있다. 또한 모직물의 원료가 되는 양털은, 우리나라에서는 거의 나지 않으므로 호주, 남부 아프리카 등에서 수입한다.

重(e)	기계류는 근년에 우리나라에서도 활발하게 제조하게 되었지만, 종류에 따라서는 역시 외국 제품을 사는 편이 득이 되는 경우가 적지 않다. 그래서 기계류도 아직 꽤 많이 수입되고 있다. 우리나라는 다양한 물건을 수입하고 있을 뿐 아니라, 국내에서 생산된 물건을 외국으로 수출하는 경우도 상당히 많다. 주된 수출 품목은 생사(生絲), 면직물, 면사(綿絲), 흰 비단, 구리, 차(茶), 성냥 등이며, 수출 상대국은 아메리카합중국, 중국, 영국, 프랑스 등이다. 또한 외국에서 원료를 수입하여, 이를 가공한 후 다시 외국으로 수출하는 경우도 적지 않다.

豚(buta) 額(gaku) 印(shirushi)	면화(綿花)는 주로 인도나 아메리카합중국에서 수입하며, 이를 가공해서 면사나 면직물을 만든다. 이런 제품들은 우리들이 쓸 것도 되지만, 또한 중국, 인도, 그 외 동양 여러 나라로 수출된다. 중국의 돼지털이 수입되어 일본에서 솔로 만들어져, 다시 중국으로 수출되는 경우 등도 같은 사례이다. 　최근에 있어서의 우리나라 수출입 총액은 수십억 엔의 많은 금액으로, 이를 10년 전의 금액과 비교하면 실로 몇 배이다. 수출입액이 증가해 가는 것은 국가가 점차 융성해지는 증표이다.

제16 등굣길

登(tou) 銀 (shirogane)	겨울의 아침햇살 비치는 처마 밑에서 가마니 짜는 손 분주하신 아버지 어머니께 인사드리고 힘차게 나서는 우리 집 대문 나뭇가지 끝 밝은 숲속 걸으면 자금우 뿌리에 불그스레하게 서릿발 서린 덤불 그늘 길 밟으면 사각사각 은(銀)이 흩어지네 

整(sei)
交(maji)

경지정리 끝난 논은 보기도 좋고
늘어선 논바닥에 얼음이 반짝이네
새로 난 길 따라서 마차 힘겹게
끌고 오는 말의 입김 하얗네

마을 신사(神社)의 청소를 마친
빗자루 손에 손에 이쪽 향하여
이야기 하며 오는 젊은 사람들
오늘 아침 집을 나선 형님도 있네

제17 하기 어려운 말

나마무기 나가고메 나가타마고
나마무기 나마모메 나마타마고
몇 번이나 반복하는 사이에 타로(太郞)는
나마무기 나마고메 나마타마고(생보리 생쌀 생
달걀)
라고 빠른 발음으로 술술 말할 수 있게 되었다. 타
로는 의기양양해져서
"아버지, 이렇게 하기 어려운 말은 이 외에 없겠
지요?"
라고 하자, 아버지는 생글생글 웃으면서
"더욱 하기 힘든 말을 알고 있지."

"어떤 말입니까?"

"'예'라는 말과 '아니요'라는 말이다."

"'예', '아니요'는 대단히 쉬운 말이지 않습니까. 왜 그렇게 하기 어려운 겁니까?"

아버지는

"정말로 쉬운 것 같지만, 그렇기 때문에 상당히 말하기 어려운 경우가 있는 거야."

다음날 타로가 친구인 마사오, 료이치와 함께 셋이서 학교에서 돌아올 때의 일이었다.

"이 길은 머니까 지름길로 가자!"라고 마사오가 말하자, 료이치는 바로 찬성했다. 그 지름길이란 논두렁길로, 도중에는 꽤 깊은 개울에 놓은 외나무다리가 있다. 타로는 이전부터 아버지가 "그 다리는 위험하므로 절대로 건너가면 안 된다"라고 강하게 금지했었지만, 친구들의 권유를 거절할 수 없어서 함께 건너기 시작했다. 그러자 다리는 한가운데가 부러져서 세 사람은 물 속으로 떨어졌다. 다행이 근처의 논에서 일하고 있던 마을사람들에게 구조되어, 모두 다 물에 빠진 생쥐처럼 되어 집으로 돌아갔다.

아버지는

"넌 어떻게 된 거야? 이전부터 위험하다고 말한 그 다리를 건넌 게 아니냐."

라고 물었지만 타로는 잠자코 있었다.

그날 밤 다시 아버지가 강하게 추궁하여, 타로는 어렵게 오늘 있었던 사정을 있는 대로 말했다. 아버지는

"왜 그때 '아니야, 나는 아버지가 건너지 말라고 했으니 안 건널 거야'라고 단호하게 거절하지 않은 거야?"

"나는 재차 거절했습니다. 그러자 마지막에는 모두가 나를 겁쟁이라며 웃었습니다. 나는 분해서 견딜 수 없게 되어, 뭐? 이 정도가 무서워? 라며 자신이 앞장서서 건넌 것입니다."

悔(kai)	"과연 겁쟁이로구나. 남이 하는 말에 대해서 '아니요'라고 잘라 말하려면 진정한 용기가 필요하다. 너 같은 겁쟁이는 잘못하면 목숨을 잃을 듯한 위험한 때라도 꺼낼 수 없을 만큼 '아니요'라는 말은 하기 어려운 것이야. 그리고 또 한 가지, 낮에 내가 물었을 때, 왜 솔직하게 '예'라고 말하지 않은 거야?" "어쩐지 쑥스러워서 그렇게 말하지 못한 것입니다." "그것 봐! '예'도 하기 어려운 말이지 않느냐." 타로는 자신이 잘못한 일을 깊이 후회함과 동시에 "예"와 "아니요"를 말하기 어려운 이유를 깨달을 수 있었다.

제18 분텐쇼(文天祥)

亡(horo)
羊(hitsuji)
虎(tora)
敗(yabu)
兄(kei)

　중국의 송(宋)나라 말기에 북쪽 지방에 원(元)이라는 나라가 새로 일어나, 세력이 나날이 융성해져 송의 영지를 침범하여, 송나라는 점점 쇠퇴해져서 거의 멸망하기에 이르렀다.

　송의 신하 분텐쇼가 이를 크게 걱정하여, 의병을 모아서 국난을 구하고자 한다. 그의 친구가 이를 말리며 말하기를 "양이 호랑이에게 대드는 것과 같소. 위험하오!"라고 했다. 텐쇼는 듣지 않고 말하기를 "나도 애초부터 그걸 아오. 다만 국가의 위급함을 어찌하리오!"라고 하며 나아가 원의 군사에 맞선다.

　그렇지만 원의 군세가 점점 더 융성해져서, 송의 군사는 도처에서 패하여 마침내 황제, 황후도 적의 손에 항복하였다. 이리하여 황제의 형이 왕위를 잇는다. 분텐쇼는 명을 받들어 각지를 돌며 싸워 원군을 물리친다.

以(mot) 捕(tora) 降(o)	그러나 송군의 대세가 날로 좋지 아니하여, 덴쇼의 충성으로도 어떻게 할 도리가 없다. 때마침 원의 대군이 몰려오게 되자 덴쇼는 크게 패하여 마침내 적병에게 붙잡힌다. 　그때에 송나라의 용맹한 장수 조세게쓰(張世傑)가 잘 싸워서 원군을 막아낸다. 적의 장수 조코한(張弘範)은 어떻게 해서든 이를 항복하게 하려고, 분텐쇼에게 "편지를 보내어 조세게쓰를 불러라!"라고 명한다. 덴쇼는 단호히 거절하며 "나라를 구하지 못하고, 어찌하여 사람을 꾀어내어 모반하게 하겠는가"라고 말한다.

富(huu) 病(yamai) 効(kou) 治(chi)	조세게쓰 등의 분투도 대세를 바꾸지는 못하여 송나라가 마침내 멸망하자, 조코한은 분텐쇼에게 "송나라는 멸망했다. 그대의 충의를 다할 곳이 없다. 이제부터 마음을 바꿔 원나라를 섬기면, 부귀는 마음먹은 대로 누릴 수 있을 것이다"라며 설득한다. 덴쇼는 듣지 않는다. 어떤 사람이 다시 "그대는 대세가 어떻게도 할 수 없음을 알면서, 어찌하여 헛되게 크나큰 고생을 하려 하는가"라며 힐책했다. 덴쇼가 말하기를 "부모의 병이 위독하여 의약의 효험이 없음을 알더라도, 계속 치료에 힘쓰는 것이 인지상정 아닌가. 심력을 다하여도 구할 수 없는 것은 천명(天命)이다. 사태가 이미 여기에 이르렀다. 나 덴쇼는 단지 죽고자 할뿐이다"라고 한다. 덴쇼는 마침내 감옥에 갇힌다.

從(shou)	원의 황제가 분텐쇼를 크게 애석해 하며, 정중하게 설득하여 원나라를 섬기게 하려 한다. 덴쇼가 말하기를 "나는 송의 신하이다. 어찌하여 두 조정을 섬기리오. 바라옵건대 나에게 죽음을 주시오"라고 한다. 황제는 그 의지를 움직일 수 없음을 알고, 그를 형장으로 보내게 한다. 덴쇼는 형장에 임하여 차분한 자세로 말하기를 "신의 목숨이 끝납니다"라고 하며, 송나라 방향인 남쪽을 향하여 정중하게 절하고 죽는다. 원나라 황제가 탄식하며 "분텐쇼는 진정한 남자다"라고 말한다.

제19 온실 안

香(kaori) 薄(usu)	차가운 북풍을 맞으면서 초목이 마른 샛길을 지나와 온실 안으로 한 걸음 들어서면, 완전히 별세계에 온 듯한 기분이 든다. 제각각의 꽃 색깔, 숨이 막힐 듯한 강한 향기, 몸에 아련하게 느껴지는 따뜻함, 유리지붕을 통하여 들어오는 부드러운 햇빛 등이 마치 봄의 나라에 와 있는 것 같다. 먼저 일어선 오빠가 　"아아, 피어 있구나 피어 있어. 미요코! 대단히 진귀한 꽃이 피어 있지? 여기는 주로 난 종류를 모아 놓은 곳이야. 열대지방에서 가져온 것이므로, 이렇게 일 년 내내 60~70도 이상의 따뜻한 곳에 두지 않으면 안 되는 거야." 라며, 여러 가지로 설명해 주신다. 많이 피어 있는 중에서 가장 아름다운 것은, 아래로 드리워진 줄기에 몇 송이나 피어 있는 담홍색 꽃이다.

그리고 조금 가니 벌레잡이통풀이라는 것이 있다. 잎의 끝부분에서 덩굴을 뻗어내려 15~18센티미터 정도의 가늘고 긴 자루를 매달고 있다.

"이 자루로 벌레를 잡는 거야. 안을 들여다보아봐! 뭔가 들어 있는 것 같으니까."
라고 하셔서 살짝 들여다보니, 파리 같은 곤충 두 마리가 바닥의 물 속에서 움직이지 못하고 있다.

絹(ken) 群(mura)	정말로 이상한 풀이다. "자, 이번에는 잎이 아름다운 식물을 모아 놓은 곳이야." 라고 하며, 오빠는 다음 온실로 안내해 주신다. 정말로 녹색 명주실로 만든 것인가 하고 생각될 듯한 잎도 있는가 하면, 빨강이나 노랑, 파랑, 보라의 아름다운 얼룩무늬도 있다. 그 중에는 마치 꽃인가 하고 생각되는 주홍색 잎이 줄기 위쪽에 무리지어 나와 있는 것도 있다. 온실 건물은 여기에서 오른쪽으로 굽어진다. 다음 온실에는 커다란 열대식물류가 늘어서 있다.

管(kuda)
暖(atata)
髮(kami)

　야자, 바나나, 커피, 고무나무 등은 이름은 들었
지만, 실물을 보는 것은 처음이다. 오빠는
　"이 뒤쪽에 보일러가 있지. 거기에서 뜨거운 물
을 파이프로 각 온실로 보내어, 적당히 데우게 되
어 있는 거야."
라고 가르쳐 주셨다.
　그곳에서 다시 오른쪽으로 접어드니, 가늘고 긴
온실 가득히 눈이 번쩍 뜨일 듯한 화초가 늘어서
있다.
　향기가 좋은 것이랑, 색깔이 아름다운 것이랑,
모양이 귀여운 것 등 어느 것을 보더라도 한 가지
꺾어 머리에 꽂아 보고 싶다.

　오빠도 걸음을 멈추고

"어떠니, 아름답지? 이 온실은 남풍을 받고 있는
데다, 뜨거운 물이 충분히 지나가고 있으므로 이
렇게 일찍 꽃이 피는 거야. 한번 이 안에 들어오니,
다시 차가운 곳으로 나가는 게 싫어지는구나."
라고 하며 웃으셨다. 밖은 아까보다 바람이 한층
강해졌는지, 유리 너머로 보이는 건너편의 나무가
심하게 흔들린다. 그 가지 끝에 힘없이 앉아 있는
까마귀의 모습도 보기에 추운 듯하다.

제20 편지

障(sawari)	1 사치코 님에게 편지는 감사히 잘 받았습니다. 엄동의 계절에 여러분께서 별고 없고, 자네도 매일 학교에 잘 다닌다 하니 안심이 됩니다. 그런데 아버님의 엽서 및 자네의 편지에서 어머님께서 지난 2일에 순산하시어 옥 같은 여식이 태어났다는 소식을 듣고, 정말로 경사스럽고 기쁘기 그지없게 생각합니다. 남자뿐인 형제 속에서 이번에 처음으로 여동생을 얻어서, 자네도 필시 기뻤으리라 짐작합니다. 대단히 귀여운 조카딸이 태어났다는 소식을 듣고, 나는 무엇보다 기쁘고 하루라도 빨리 얼굴을 보고 싶다고 생각합니다. 이름은 뭐라고 지으셨는지, 이 또한 빨리 듣고 싶으니 알려 주시길 기다리겠습니다.

任(maka) 粗(so) 縫(hou)	어머님은 아직 몸조리 중이셔서, 자네가 집안일을 돕느라 여러 모로 분주하리라 생각합니다. 가까운 곳이라면 바로 가서 돌봐 드려야 하는데, 아무래도 백리 길 산천을 사이에 두고 있어서, 그것도 마음대로 되지 않아 대단히 안타깝게 생각하고 있습니다. 변변치 않은 것이지만 아기 옷이라도 하라고 오늘 소포로 부쳤으니, 자네가 시간이 있을 때 재봉 연습 삼아서 옷을 지어 주었으면 합니다. 여러분께 안부 잘 전해주시기 바랍니다. 삼가 올립니다. 　　　　　　　　　　　2월 5일 　　　　　　　　　　　숙모로부터

2

오모리 시게루(大森茂) 님께

夢(yume)
悲(hi)

　들자옵건대 조모님께서 지난번부터 병환 중으로, 섭생의 보람도 없이 지난 19일에 마침내 돌아가셨다고 하시어 대단히 놀랐습니다. 평생 동안 아주 건강하신데다 근래에는 특히 건강하시다고 듣고 있던 참이어서, 이번의 부음은 정말로 꿈인가 하고 생각되었습니다. 오모리 님을 비롯한 여러분의 비탄이 얼마나 크실까 하고 생각합니다. 그곳에 살았을 때 종종 찾아뵙고, 오모리 님과 함께 여러 가지 말씀을 들었던 일 등이 새삼스럽게 떠오릅니다.

悔(kuyami)
好(kou)
佛(butsu)

　저희 부모님도 대단히 놀라시며, 심심한 애도를 전하라고 합니다. 아울러 생전에 좋아하셨던 양갱 한 상자를 소포로 보내오니, 영전에 올려 주셨으면 합니다. 우선은 위와 같이 애도 드리옵니다.

2월 6일
고바야시 우메키치(小林梅吉)

제21 닛코산(日光山)

振(hu) 巧(takumi) 丹(tan) 美術(bijyutsu)	후타라산(二荒山)⁴⁾ 기슭 나무 우거진 곳 다이야(大谷) 강 급류가 바위를 때리는 어귀 금은보석을 박아 끼워 만들어 하루종일 보아도 질리지 않는 신(神)의 거처 가는 선으로 돋음 새겨 기둥과 횡목에 휘두른 끌의 손길 온갖 솜씨 다하고 단청이 눈부신 격자 모양 천장에 온 정성을 기울인 그 필치 향기롭네 미술의 광명이 빛나는 이곳 온 산은 푸르고 물 또한 맑으며 낙원인 일본의 아름다운 꽃들 외국 사람조차도 참으로 칭찬하네

---

4) 세 개의 산으로 이뤄진 닛코산의 하나

제22 포경선(捕鯨船)

隻(seki) 捕鯨(hogei) 裂(retsu)	지난밤의 비바람은 흔적 없이 잠잠해졌지만, 해상에는 아직 파도 소리가 드높다. 한 척의 포경선이 파도를 헤치고 힘차게 나아간다. 돛대 위의 파수꾼이 갑자기 　"고래다 고래!" 라고 소리 높여 외치며 북쪽을 가리켰다. 　갑판에 서 있던 선장을 비롯하여 열 명 정도의 승조원들은 똑같이 그 방향으로 시선을 돌렸다. 아득히 먼 저쪽에 하얀 물보라가 보인다. 　포수의 힘이 들어간 침착한 호령에 배는 벌써 방향을 바꿨다. 포수는 이때 재빨리 뱃머리의 포 뒤에 서서 방아쇠에 손을 댔다. 오른쪽 왼쪽으로 고래를 쫓아가면서 40~50미터까지 접근했을 때, 조준을 하여 파열(破裂)화살을 장치한 작살을 쾅 하고 한 발 쏜다.

歡呼(kanko) 彼方(achira)	자욱하게 낀 흰 연기 사이로 보니, 고래는 엄청난 파도를 일으키며 바다 밑 깊숙이 가라앉았다. "명중이야 명중!" 　모두는 환호의 함성을 올렸다. 작살이 몸 속 깊이 파고들어가 파열화살이 제대로 박힌 모양이다. 작살에 연결한 긴 밧줄은 계속 당겨져 나가서 300미터 정도나 풀려 나갔다. 　이윽고 고래는 아득히 먼 저쪽에 다시 떠올랐다. 이제까지 팽팽하게 당겨져 나갔던 밧줄도 조금 느슨해졌다. 밧줄을 점점 되감아 당기자 고래는 점차 배에 다가온다.

巻(ma)

　　그러나 아직 힘이 상당히 세므로 밧줄을 감았다
가는 풀고, 풀었다가는 감으면서 느긋하게 다루는
동안에, 그 강한 고래도 차츰 힘이 빠져 배에서 50
미터 정도 지점까지 끌려왔다. 그때 두 번째 작살
이 발사되었다.

紅(kurenai)

　　20미터나 되는 커다란 고래가 이제는 완전히 숨이 끊어져, 산더미 같은 몸체를 바다 위에 눕힌다. 주위에는 흘러나오는 피로 붉은 물결이 떠돈다.

　　"만세 만세!"

　　선원들은 재빨리 고래의 꼬리를 쇠사슬로 배 옆에 묶고, 위세 당당하게 모항으로 귀항한다.

제23 다자이후(太宰府) 참배

輕(kei)	기차로 후쓰카이치(二日市) 역에 도착한 것은 오전 8시이며, 역 앞에서 다자이후로 가는 경편(輕便)열차5)를 탔다. 아직 싹이 트지 않은 거냥옻나무 사이를 지나, 서리가 새하얗게 내린 논 가운데를 달린다. 기차는 15분 정도 달려 다자이후마치(太宰府町)에 도착했다. 

---

5) 일반적인 철도보다 시설, 규격 등이 간단하게 부설된 철도로, 경편철도법(1910년 시행되어 1919년 폐지)에 의해 운행되었다.

經(he) 馬(ma) 拜(oga) 鏡(kyou) 墓(bo)	다자이후마치는 다자이후 텐만구(天滿宮) 신사가 있는 곳이다. 청동으로 된 큰 도리이(鳥居) 밑을 지나 나아가니, 도로변의 집들은 대부분 텐만구 신사와 관련된 물건을 팔고 있다. 조금 지나서 신사의 넓은 경내로 들어갔다. 몇 백 년이나 됐을 것으로 생각되는 커다란 녹나무들이 서로 엉키어 우겨져 있다. 연못에 놓여 있는 두 개의 반원형 다리를 건너, 에마도(絵馬堂)6) 앞을 지나 누문 밑을 통과하니 본전 앞으로 나온다. 정중하게 합장배례하고 머리를 드니, 제단에 놓인 커다란 거울이 반짝반짝 빛나고 있어서 숭엄하다. 이 신사는 스가와라 미치자네(菅原道真) 공의 묘소에 세운 것이라는 말을 듣고 한층 깊은 느낌을 받았다.

---

6) 신사(神社)나 불교사찰을 참배할 때 소원을 적는 나무판인 에마(繪馬)를 걸어두는 건물

| 梅(bai)
紅(kou)
尋(tazu)
跡(ato) | 　본전(本殿) 건물의 뒤로 돌아가니 그곳은 널찍한 매화나무 숲으로, 몇 백 그루인지도 알 수 없는 오래된 매화나무에 꽃이 계속 피고 있다. 백매화 꽃은 지금이 마침 한창때이지만, 그 사이사이에 이제 피기 시작하는 홍매화 꽃이 드문드문 섞여서 아름답다. 간이찻집에서 쉬면서 이곳의 명물 떡을 먹고 있자니. 갑자기 날카로운 새 소리가 들렸다. 찻집 할머니에게 물으니, 신사 정원 안에서 기르고 있는 학의 소리라 한다. |

詩(uta)	돌아오는 길은 후쓰카이치(二日市)까지 걷기로 했다. 지도에 의지하여 걷자니, 산간의 밭 여기저기에 야생 매화꽃이 만발해 있는 것도 흥미로웠으며, 서리막이 볏짚 사이로 노란 여름밀감이 살짝살짝 보이는 것도 진기하다. 도중에 다자이후라고 써진 옛 관청 터를 돌아보고, 에노키데라(榎寺)라는 곳에 들렀다. 이곳은 스가와라 공의 유배지 터이다. 낮고 습기가 많은 소나무 숲속에 있는 작은 사당이다. 공은 이곳에 유배되고 나서 한 발도 밖으로 나가지 않고, 3년의 세월을 보내셨다 한다. 궁중의 연회를 회상하며 시를 지으신 곳도 이곳일 것이다.

　에노키데라를 나와 후쓰카이치의 정류장으로 서둘러 갔다. 겨울철의 해는 벌써 저물기 시작한다. 여기저기의 마을에서는 가느다란 연기가 솟아오르고 있다. 정류장에 도착했을 때에는 오후 6시를 지나 있었다.

제24 확실한 보증

紙(shi) 歷(reki)	외국의 어느 상점에서 신문에 점원 모집 광고를 냈다. 지원한 사람은 50명 정도나 되고, 그 중에는 유명인의 소개장을 지참한 자나, 훌륭한 학력의 소유자도 있었는데, 주인은 그런 사람들을 제쳐 놓고 어느 한 청년을 고용했다. 　훗날 사람들이 주인에게 어떠한 생각으로 그 청년을 고용하셨는지 물었다. 　주인은 대답하기를 　"그 청년은 내 방에 들어오기 전에 먼저 옷의 먼지를 털고, 들어와서는 조용히 문을 닫았습니다. 깨끗한 것을 좋아하는 성격이다, 행동에 조심성이 많다는 것은 그것으로 잘 알았습니다.

床(yuka)	한창 이야기를 나누고 있는 중에 노인 한 분이 들어왔는데, 그것을 보자 바로 일어나서 의자를 양보했습니다. 타인에게 친절하다는 것은 이것으로도 알 수 있다고 생각했습니다. 인사를 하더라도 정중하여 조금도 건방진 태도가 없으며, 무엇을 묻더라도 하나하나 명확하게 대답하며, 게다가 쓸데없는 말은 하지 않습니다. 태도가 시원시원하고 예의를 잘 알고 있는 점도 그것으로 모두 알았습니다. 　나는 일부러 책 한 권을 마루 위에 던져 놓았습니다. 다른 사람들은 조금도 신경 쓰지 않는 것 같았는데, 그 청년은 들어오자 바로 책을 주워서 테이블 위에 놓았습니다. 그것으로 주의 깊은 사내라는 것을 알았습니다.

복장은 변변치 않았지만 말쑥한 것을 입었고, 이도 잘 닦았습니다. 또한 글씨를 쓸 때에 손끝을 보니 손톱은 짧게 잘랐습니다. 다른 사람들은 옷만은 멋졌으나 손톱 밑은 새까맣게 된 사람이 많았습니다.

이런 점에서 여러 가지 좋은 성격을 가지고 있음을 분명하게 잘 확인하고, 그 청년을 고용하기로 한 것입니다. 훌륭한 사람의 소개장보다도, 그 밖의 어느 것보다도 본인의 품행이 확실한 보증입니다."

라고 말했다.

제25 평화로운 마을

戶(ko) 蠶(san) 模範(mohan) 益(eki)	우리 마을에는 300가구에 1,400여 명의 인구가 있다. 마을 전체가 농업으로 생계를 꾸린다. 마을의 재산가로 사업에 열심인 사람이 스스로 앞장서서 경작, 양잠, 양계, 양어 등의 모범을 보여줌으로써 근년에는 작물도 개량되고, 뽕나무를 심고 누에를 치는 사람이 많으며, 특히 온 마을에 닭을 키우지 않는 집이 없다. 또한 연못, 늪을 이용하여 잉어, 붕어를 기르는 일도 활발하여 대개 2년마다 이를 파는데, 그 이익이 적지 않다. 이처럼 되니 마을 전체가 대단히 풍요로워지고 촌민(村民) 모두 그 가업을 즐긴다.

幸(kou) 勤續 (kinzoku)	관공서와 학교는 마을의 중앙에 있다. 촌장(村長)님은 마을의 오래 된 집안에서 태어났는데, 아주 친절하고 공평하며 온 마을의 행복을 위하여 항상 힘을 다하기 때문에 촌민들에게 깊은 경애를 받아서, 여러 번의 선거에도 거듭 당선되어 벌써 20여 년 근속하셨다. 교장 선생님도 착실하고 온후한 사람인데다, 학생들 사랑하기를 자식같이 하며, 학생들도 교장 선생님 공경하기를 부모님같이 한다.

專(sen) 課(ka) 林(rin) 營(itona) 基(ki) 和(wa) 榮(ei) 增(ma)	그 외의 교원들도 교장 선생님을 모범으로 삼아 전심으로 직무에 힘쓰기 때문에, 학생들은 모두 이에 잘 따라서 공부에 힘쓰며 학교를 생각하는 마음이 두터워, 졸업 후에도 여전히 교문 드나드는 것을 즐거움으로 여긴다. 청년단 사업의 하나로서 삼나무, 노송나무 조림 사업을 한다. 그 이익은 대부분을 학교의 기본금으로 하고, 나머지를 마을 공동의 유익한 사업의 비용에 충당할 계획이다. 만사가 이런 상황이 되면 마을 전체는 정말로 평화롭고, 해를 거듭하며 그 번영을 더해 갈 따름이다.

제26 진수식(進水式)

飾(syoku)
奏樂
(sougaku)
臨(rin)
讀(doku)
揮(ki)
作(sa)
	오늘을 기다렸다는 듯이 울긋불긋하게 장식된 34,000톤의 대전함(大戰艦) 무쓰(陸奧)는 바다를 배경으로 하여 여유롭게 가로놓여 있다.
	  끝도 없이 맑게 갠 넓은 하늘, 눈부시게 비치는 햇빛, 식장에 가득한 십 수만 명 관람자의 가슴은 막 시작되려고 하는 진수식의 장쾌한 광경을 예상하며 크게 두근거릴 따름이다.
	  때마침 시작되는 "기미가요(君が代)" 연주. 황후 폐하의 임석과 동시에 식은 시작되었다. 해군대신(海軍大臣)의 명명서 낭독, 공창장(工廠長)의 진수 명령, 이어서 조선(造船)부장의 지휘에 따라 진수 주임이 부는 피리를 신호로 하여 착착 진행되는 진수 작업.

秒(byou) 片(hen)	이윽고 공창장이 번쩍 쳐든 금빛 망치는, 2년간의 고심을 한 번 휘두르는 이 의식에 담아 절단대 위의 연결 밧줄을 딱 자른다. 　관람자의 눈은 일제히 전함으로 쏠렸다. 1초 또 1초, 210여 미터에 가까운 커다란 선체는 차츰차츰 소리도 없이 미끄러져 나간다. 뱃머리에 늘어뜨린 장식 공이 확 터져서 빨강, 하양의 종잇조각이 눈보라처럼 흩날리며 꽃잎처럼 떨어지는 사이를 날개 소리 높이 날아오르는 여러 마리의 비둘기.

　박수갈채, 천지를 울리는 만세 소리, 씩씩한 군
악의 음률,　모든 공장에서, 모든 배에서 기적이
일제히 울리는 환호 소리. 순식간에 전함은 속력
을 높여 하얀 파도 높이 바다로 뛰어든다.
　아아! 바다의 전사의 용맹스러운 탄생

제27 고지마 다카노리(兒島高德)

賤(sen)
固(ko)
擧(a)

　겐코(元弘) 2년(1332년) 3월, 호조 다카토키(北條高時)는 고다이고(後醍醐) 천황을 오키(隱岐) 섬으로 호송해 드린다. 남녀귀천을 불문하고 모든 교토(京都) 사람들은 이 행차를 슬퍼하여 눈물로 배웅해 드리며, 경호하는 무사조차 갑옷의 소매를 적셨다.

　이 무렵 비젠(備前)⁷⁾지방에 고지마 다카노리라는 무사가 있었다. 주상(主上)께서 이전에 가사기(笠置)⁸⁾로 향하셨을 때 일찍이 의병을 일으켰지만, 일이 아직 성사되기도 전에 가사기도 함락되었다는 풍문이 있어서 힘없이 그만두었다.

---

7) 오카야마(岡山) 현 동남부 지역의 옛 이름
8) 지금의 교토 부 가사기 초(京都府 笠置町). 고다이고 천황이 권좌에서 밀려나 1331년에 이곳에 칩거하였다.

遲(oso)	그런데 지금 주상께서 오키 섬으로 이송되신다고 듣고서, 다카노리는 일족을 모아 말하기를 "의를 보고 행하지 않음은 용맹이 없는 것이다. 나가지 않겠는가. 행차 길에서 기다리다 주상을 구해 드리고 의병을 일으키겠다"라고 했다. 마음이 있는 자들은 모두 다 동의하였다. 그리하여 비젠지방과 하리마(播磨)9)지방의 경계인 후나사카야마(舟坂山)에 숨어서 이젠가 저젠가 하고 기다렸다. 　　행차가 너무 늦어서 사람을 시켜 알아보게 하니, 하리마지방의 이마주쿠(今宿)라는 곳에서 산인도(山陰道) 길을 지나가셨다고 한다.

---

9) 효고(兵庫) 현 서남부 지역의 옛 이름

句(ku)

그렇다면 미마사카(美作)[10] 지방의 스기사카(杉坂) 고개에서 기다리려고 험준한 산길을 헤치고 당도했는데, 사람들이 "주상께서는 벌써 인쇼(院庄)로 들어가신다 "고 말하여, 일행은 모두 힘을 잃고 뿔뿔이 흩어졌다.

다카노리는 하다못해 이 마음이라도 주상께 알려드리고자, 밤에 어둠을 틈타 행궁의 뜰에 숨어들어가 커다란 벚나무 줄기를 깎아 대문자로 시구를 적어 넣었다.

하늘은 고센(勾踐)을 버리는 일이 없을지어다.

시절은 한레(范蠡)가 없는 것도 아닐지어다.

---

10) 오카야마(岡山) 현 동북부 지역의 옛 이름

顔(gan)
笑(e)

　　다음날 아침에 경비를 서는 무사들은 이를 발견
하였지만 의미를 알 수 없었으며, 이를 주상께서
들으셨다. 주상께서는 시의 의미를 이해하시고 용
안에 각별히 흐뭇한 미소를 지으셨다.

越(etsu)
敗(hai)
計(kei)
故(ko)

　옛날 중국에 오(吳), 월(越)이라 하는 인접한 두 나라가 있었다. 오랜 세월 동안 싸워 서로 간에 승패가 있었는데, 고센이 월의 왕이 되었을 때에, 오의 세력이 융성하여 월의 군사가 크게 패하고 고센은 오에 잡혔다. 고센은 훗날 간신히 귀국하게 되었는데, 이 원한을 잊지 못하여 한레라는 충신의 도움을 얻어 보복할 계획을 세워, 다시 오와 싸워서 마침내 이를 멸망시켰다.

　다카노리는 이 고사를 인용하여, 머지않아 충신이 나타나 충성스러운 병사들을 일으켜, 반드시 주상의 마음을 안심시켜 드리리라는 것을 말씀드린 것이다.

　　　　　　　　　　　　　　　　끝

다이쇼 11년(1922) 6월 26일 인쇄
다이쇼 11년(1922) 6월 30일 발행
다이쇼 15년(1926) 4월 19일 수정인쇄
다이쇼 15년(1926) 4월 24일 수정발행　　　　　　　　　(비매품)

저작권 소유 문 부 성

인쇄소 공동인쇄주식회사
東京市 小石川區 久堅町 百八番地

大正十一年六月廿六日　印　刷

大正十一年六月三十日　發　行

大正十五年四月十九日　修正印刷

大正十五年四月廿四日　修正發行

（非賣品）

著作權所有

著作兼
發行者　文　部　省

印刷者　東京市小石川區久堅町百八番地
大　橋　光　吉

印刷所　東京市小石川區久堅町百八番地
共同印刷株式會社

▶ 찾아보기

역자소개

김순전 金順槇

소속 : 전남대 일문과 교수, 한일비교문학일본근대문학 전공
대표업적 : ① 저서 : 『韓日 近代小說의 比較文學的 研究』, 태학사, 1998년 10월
② 저서 : 『일본의 사회와 문화』, 2006년 9월, 제이앤씨
③ 편저서 : 일제강점기 조선총독부 편찬『초등학교 唱歌 교과서』
대조번역, 상 · 중 · 하 3권, 2013년 8월, 제이앤씨

박장경 朴長庚

소속 : 전주대 일본언어문화학과 교수, 일본어학 전공
대표업적 : ① 논문 : 「한일 양언어의 주명사『가능성(可能性)』에 대한 고찰」, 『日本
語文學』第51輯, 韓國日本語文學會, 2011년 12월
② 저서 : 『日本語의 連体修飾構文에 關한 研究』, 제이앤씨, 2005년 8월
③ 역서 : 『日本語의 構文과 意味 Ⅰ』, 法文社, 1988년 10월(공역)

김현석 金鉉楊

소속 : 광주대 일본어학과 교수, 일본고대문학 전공
대표업적 : ① 논문 : 「三國史記와 日本書紀의 천변지이 기사의 비교 고찰」, 『일본어
문학』11집, 한국일본어문학회, 2001년 9월
② 논문 : 「記紀神話에 나타난 재앙신과 제사」, 『일본어문학』13집, 한국
일본어문학회, 2002년 6월
③ 역서 : 『일본대표단편선 1~3권』, 고려원, 1996년 9월(공역)

조선총독부 편찬 (1923~1924)

『普通學校國語讀本』 第二期 한글번역 ❹ (5학년용)

초판인쇄 2014년 5월 29일
초판발행 2014년 6월 7일

역　자 김순전·박장경·김현석
발 행 인 윤석현
발 행 처 제이앤씨
등록번호 제7-220호
책임편집 김선은
마 케 팅 권석동

우편주소 132-702 서울시 도봉구 창동 624-1 북한산현대홈시티 102-1106
대표전화 (02) 992-3253(대)
전　송 (02) 991-1285
홈페이지 www.jncbms.co.kr
전자우편 jncbook@hanmail.net

ⓒ 김순전·박장경·김현석, 2014. Printed in KOREA.

ISBN 978-89-5668-425-3 94190　　　　**정가** 17,000원
　　　 978-89-5668-429-1 (전5권)